Nas E. Boutammina

Mahomet ou Moūhammad ?

Dans les mêmes Editions

- NAS E. BOUTAMMINA, « Musulmophobie - Origines ontologique et psychologique », Edit. BoD, Paris [France], décembre 2009.
- NAS E. BOUTAMMINA, « Les Jinn bâtisseurs de pyramides...? », Edit. BoD, Paris [France], janvier 2010.
- NAS E. BOUTAMMINA, « Abraham ou Ibrāhiym ? », Edit. BoD, Paris [France], février 2010.
- NAS E. BOUTAMMINA, « Le Jinn, créature de l'Invisible », Edit. BoD, Paris [France], janvier 2011.
- NAS E. BOUTAMMINA, « Français musulman - Perspectives d'avenir ? », Edit. BoD, Paris [France], mai 2011.
- NAS E. BOUTAMMINA, « Judéo-Christianisme - Le mythe des mythes ? », Edit. BoD, Paris [France], juin 2011.
- NAS E. BOUTAMMINA, « Les contes des mille et un mythes - Volume I », Edit. BoD, Paris [France], juillet 2011.
- NAS E. BOUTAMMINA, « Y-a-t-il eu un temple de Salomon à Jérusalem ? », Edit. BoD, Paris [France], aout 2011.
- NAS E. BOUTAMMINA, « Les contes des mille et un mythes - Volume II », Edit. BoD, Paris [France], novembre 2011.
- NAS E. BOUTAMMINA, « Les ennemis de l'Islam - Le règne des Antésulmans - Avènement de l'Ignorance, de l'Obscurantisme et de l'Immobilisme », Edit. BoD, Paris [France], février 2012.
- NAS E. BOUTAMMINA, « Le secret des cellules immunitaires - Théorie bouleversant l'Immunologie [The secrecy of immune cells - Theory upsetting Immunology] », Edit. BoD, Paris [France], mars 2012.
- NAS E. BOUTAMMINA, « Le Livre bleu - I - Du discours social », Edit. BoD, Paris [France], juillet 2014.
- NAS E. BOUTAMMINA, « Le Rétablisme », Edit. BoD, Paris [France], mars 2015. 2ᵉ édition.
- NAS E. BOUTAMMINA, « Comprendre la Renaissance - Falsification et fabrication de l'Histoire de l'Occident », Edit. BoD, Paris [France], avril 2015. 2ᵉ édition.

- Nas E. Boutammina, « Connaissez-vous l'Islam ? », Edit. BoD, Paris [France], avril 2015. 2ᵉ édition.
- Nas E. Boutammina, « Le Malāk, entité de l'Invisible », Edit. BoD, Paris [France], mai 2015.
- Nas E. Boutammina, « Jésus fils de Marie ou Hiyça ibn Māryām ? », Edit. BoD, Paris [France], juin 2015. 2ᵉ édition.
- Nas E. Boutammina, « Index Historum Prohibitorum », Edit. BoD, Paris [France], juin 2015.
- Nas E. Boutammina, « Moïse ou Moūwça ? », Edit. BoD, Paris [France], juin 2015. 2ᵉ édition.

Collection Anthropologie de l'Islam

- Nas E. Boutammina, « Apparition de l'Homme - Modélisation islamique - Volume I », Edit. BoD, Paris [France], septembre 2010.
- Nas E. Boutammina, « L'Homme, qui est-il et d'où vient-il ? - Volume II », Edit. BoD, Paris [France], octobre 2010.
- Nas E. Boutammina, « Classification islamique de la Préhistoire - Volume III », Edit. BoD, Paris [France], novembre 2010.
- Nas E. Boutammina, « Expansion de l'Homme sur la Terre depuis son origine par mouvement ondulatoire - Volume IV », Edit. BoD, Paris [France], décembre 2010.

Collection Œuvres universelles de l'Islam

- Nas E. Boutammina, « Les Fondateurs de la Médecine », Edit. BoD, Paris [France], septembre 2011.
- Nas E. Boutammina, « Les Fondateurs de la Chimie », Edit. BoD, Paris [France], octobre 2013.
- Nas E. Boutammina, « Les Fondateurs de la Pharmacologie », Edit. BoD, Paris [France], novembre 2014.

« *Est-ce que celui qui se fonde sur une preuve évidente [le Qour'ān - Coran] venant de son Seigneur et récitée par un témoin [Malāk Jībrīyl] de Sa part [peut-il être l'égal du mécréant qui ne se fonde sur aucune preuve] ? Et certes, avant lui [ce Coran] il y a eu le Livre de Moūwça tenant lieu de guide et de miséricorde... Ceux-là [qui se fondent sur des preuves évidentes] y croient [à ce Coran] ; mais quiconque d'entre les factions [les Hādoūw, les Nāçāra et tous les non musulmans] n'y croit pas, aura le feu comme rendez-vous. Ne sois donc pas [ô Moūhammad] en doute au sujet de ceci [le Coran]. Oui, c'est la vérité venant de ton Seigneur ; mais la plupart des gens n'y croient pas »* (Coran, 11-17)

Avant-propos

Le Coran [*Al-Qoṳr'ān*] demeure la seule source authentique qui garantie la réalité des faits protohistoriques et historiques. Par « *historique* », on entend l'ensemble des évènements passés étudiés par la Science, telle que l'a conçue le père fondateur des Sciences Humaines [Histoire, Sociologie, Economie, etc.] A.R. Ibn-Khaldun[1].

On ne peut se fier aux traditions écrites ou orales véhiculées tout au long des siècles car les faits concrets sont inexistants, et les critères très contestables [*antihistoriques*] fourmillent pour démêler l'historique du légendaire, la chronique de la mythologie.

Ainsi, les *Anbīyā* [*Nbīyā* - « *Prophètes* »] et les *Roūçoūl* [« *Messagers* »] sont dépeints dans le Coran d'une manière telle que les incertitudes quant à leur réalité, la chronologie des événements de leur mission et l'environnement où se déroulent leurs actions sont évoqués de façon concise et avérée. Le Coran est donc la seule source historique que nous possédons dont la réalité, l'exactitude est incontestable.

---

[1] A.R. IBN-KHALDUN [1332-1406], « *Al-Muqadelima* [« Les Prolégomènes ou Introduction »] »

Introduction

« En effet, vous avez dans le Raçoūl Allah [Messager d'Allah Moūhammad] un excellent modèle [à suivre], pour quiconque espère en Allah et al-Yāwm al-Lākhīrā [le Jour Dernier] et évoque Allah fréquemment. » (Coran, 33-21)

Certains le respectent, d'autres le vilipendent, mais très peu saisisse sa personnalité et encore moins son œuvre. En effet, appréhender le Raçoūl Moūhammad, c'est découvrir un trait de caractère, un état d'esprit, une force d'âme qui est une prédisposition innée aux sentiments élevés et aux hautes valeurs humaines.

Par l'expression : « *vous avez dans le Raçoūl Allah [Messager d'Allah Moūhammad] un excellent modèle* », il est question d'un *modèle de vertu* et non un *modèle vestimentaire* [porter une barbe, une coiffe sur la tête et s'accoutrer d'une djellaba].

Allah souligne par là les *aptitudes vertueuses* [abnégation, altruisme, ouverture d'esprit, compassion, bonté, tolérance, patience, etc.], il n'est pas question de se *déguiser en Raçoūl*.

Aussi, il ne s'agit nullement d'une marque éphémère de tempérament basée sur une imitation superficielle et stérile. Celle de répéter mécaniquement ce que le Raçoūl *a dit*, mais au contraire d'expérimenter réellement au quotidien ce qu'il *a fait*.

Là, est la véritable connaissance des préceptes du Raçoūl, cet instructeur si particulier fondateur d'une école si particulière : l'*Ecole musulmane* !

I - Le Raçoūl Moūhammad

Le Raçoūl Moūhammad [570-632] est, parmi les *Roūçoūl* et *Anbīyā* [ou *Nbīyā* - par exemple, *Noūh, Moīuwça, Haroūwn, Ibrāhiym, Hiyça ibn Māryām*] celui que l'on connait le mieux. Il est le seul *Raçoūl* et *Nābi* dont nous savons les pérégrinations de sa vie.

Raçoūl est le seul personnage *historico-religieux* dont nous connaissons sa biographie et le développement de la Révélation qui lui a été confiée par Allah. La date et l'endroit de sa naissance [*Mākkāh* -La Mecque], la zone géographique de sa Mission, la date de sa mort et l'endroit où il est enterré [*Médine -Yāthrīb*] sont parfaitement connus.

A - L'Islam naissant

1 - Raçoūl Allah [Messager d'Allah]

Le Raçoūl Moūhammad développe et positionne l'idée qui place au-dessus de toutes les valeurs, la *personne humaine* et la *dignité de l'individu*.

Le Raçoūl diffuse et révèle à ses contemporains les valeurs humaines qui marquent les débuts des réformes où s'adjoint tout naturellement l'esprit de liberté et d'indépendance. Les valeurs que le Raçoūl enseigne permettent une nouvelle libération des hommes et l'apparition d'un esprit critique loin des préjugés et de la superstition. L'amour de l'Humanité est un des fondements et un des élans manifestant l'amour divin !

Ce qui caractérise le plus singulièrement la vie du Raçoūl[2], c'est l'étonnante réussite de son entreprise. La transformation qui s'était réalisée en moins d'un quart de siècle n'a point de parallèle dans les annales de l'Histoire.

On ne saurait citer aucun autre réformateur isolé qui est changé à ce point l'existence d'un ensemble de populations, répandues sur un vaste territoire. Aucun, à vrai dire, n'a trouvé son peuple enfoncé dans une dégradation pareille à celle des Arabes lorsque naquit Moūhammad. Aucun ne l'éleva matériellement, moralement et spirituellement au même niveau qu'il conduisit une petite partie des Arabes.

Leur idolâtrie avait des racines si profondes, les entraves de la superstition et de la coutume étaient si solides, que les efforts de propagande des *Hādoūw*[3] et des

---

[2] M. ALI, « La pensée de Mohammed »

[3] Le *Hādoūwisme*, *d*octrine et mouvement religieux des *Hādoūw* dont l'origine remonte après l'avènement de Moūwça. *Le Hādoūwisme* est une secte qui s'est édifiée autour de certains concepts diffusés par Moūwça et qui les a conservé dans un rituel complexe.

Le terme *Hādoūw* se rapporte primitivement à une partie du peuple [*al-Yāhoūwd*] qui s'est repentie et dirigée vers la vérité, c'est-à-dire ont suivi les *Anbīyā* [*ou Nbīyā -Prophètes*]. Ce mot vient de la racine HWD. On dit : *Hāda, Yhoūdoū, Hāwdān* [هَادَ، يَهُودُ، هَاوَدَانَ], signifiant : *se repentir, se retourner à la vérité*. Cette expression avec son dérivé : *Hoūdnā* [هُدْنَ] que l'on retrouve dans le verset *(Coran, 7-156)* « *Nous voilà revenus* [*vers Toi*], *repentis* ». Cette dernière s'adresse uniquement à une minorité des *Yāhoūwd* qui prétendait suivre les *Anbīyā* et leurs Livres.

Nāçārā[4], poursuivis pendant plusieurs siècles consécutifs et appuyés matériellement par de puissants Etats n'a pu amener le moindre changement dans leur condition.

Un mouvement proprement arabe, celui des *Hanif*, avait rencontré un échec encore plus signalé. Toutes ces tentatives de réforme ont laissé les Arabes, dans l'ensemble, aussi ignorants que jamais des principes de la religion et de la moralité.

Mais vingt-trois ans d'efforts du Raçoūl les ont métamorphosés un petit groupe de la population. Le culte des idoles ou de tout objet autre que Dieu, soit au ciel, soit sur la terre, leur paraît maintenant être une honte pour l'Humanité. Dans toute l'Arabie, on pouvait s'indigner des idoles.

---

[4] Le *Nāçāraïsme, d*octrine et mouvement religieux des *Nāçāra* dont l'origine remonte après la venue de *Hiyça ibn Māryām*. Le *Nāçāraïsme* est, au sens propre du terme, une secte qui s'est accommodée de certains principes propagés par *Hiyça ibn Māryām*, mais qui, eu égard à son originalité foncière et qui, en raison de son incohérence dogmatique, de la rigidité de sa structure et de ses institutions, n'a cessé de garder, tout au long de son histoire, son unité et sa physionomie propres. De surcroît, par son sectarisme, mais surtout par sa discrétion et ses ambitions pondérées, le *Nāçāraïsme* s'identifie au *Mandéisme*.

Mandéisme. Le mandéisme désigne la religion pratiquée par une secte dont les derniers survivants, quelques milliers, se trouvent actuellement près des rives du golfe Persique, dans la région de Bassora [Iraq]. Au début du XXe siècle, de nombreux savants y virent un élément d'explication des origines « *chrétiennes* », tandis que d'autres, refusant d'admettre son influence sur le christianisme, pensèrent à l'inverse qu'elle avait été fortement marquée par l'empreinte chrétienne. Le problème suscité par cette « *question mandéenne* » et de ses rapports avec le « *christianisme* » est loin d'être résolu.

Les populations qui ont compris le Message s'éveillent au sentiment de la véritable dignité humaine et comprennent qu'il est insensé de se prosterner devant des choses sur lesquelles l'Homme est fait pour régner ou devant des forces qu'il est appelé à vaincre. En conséquence, dans les territoires limitrophes de l'Arabie [Iraq, Perse, Maghreb, etc.] la superstition et les mythes font place à une croyance rationnelle, à la naissance de l'esprit cognitif, logique et scientifique[5] !

Une petite minorité d'Arabes, des non-bédouins, n'est pas seulement purgée de ses vices invétérés, de son immoralité éhontée ; elle est enflammée du désir d'agir de la façon la meilleure, la plus noble, au service non pas de son pays et de sa population, mais de l'Humanité, ce qui est beaucoup plus méritoire !

Les vieilles coutumes dont la pratique est pleine d'injustice pour le faible et l'opprimé sont balayées comme par la baguette d'un magicien. Des lois justes et raisonnables les remplacent.

L'ivrognerie à laquelle les Arabes s'étaient adonnés de tout temps se décroit si bien que les vases qui servaient à conserver le vin et à le boire disparaissaient.

La passion des jeux s'amenuisait ; les mœurs sexuelles, très relâchées naguère, deviennent extrêmement respectueuses de la chasteté. Ces mêmes Arabes qui s'enorgueillissent de leur ignorance désiraient ardemment apprendre à lire et à écrire.

---

[5] NAS E. BOUTAMMINA, « Les contes des mille et un mythes - Volume II », Edit. BoD, Paris [France], novembre 2011.

« *Et cramponnez-vous tous ensemble au Hābl* [*câble, c'est-à-dire le Coran d'Allah*] *et ne soyez pas divisés ; et rappelez-vous le bienfait d'Allah sur vous : lorsque vous étiez ennemis, c'est Lui qui réconcilia vos cœurs. Puis, par Son bienfait, vous êtes devenus frères* [*en Islam*]*. Et alors que vous étiez au bord d'un abîme de feu, c'est Lui qui vous en a sauvés. Ainsi, Allah vous montre Ses Āyāt afin que vous soyez bien guidés* » (Coran, 3-103)

Ce qui est encore plus surprenant, c'est que de cette Arabie constamment déchirée par des guerres intestines où le pays comme le dit laconiquement ce verset du Coran *a risqué sa perte*, de ces éléments discordants et trop combatifs, le Raçoūl a su faire, du moins jusqu'à sa mort, une *communauté* unie, pleine de vitalité et d'énergie, à tel point que devant sa marche irrésistible, les plus puissants royaumes s'écroulent devant la vérité de la foi nouvelle.

Jamais un homme n'a insufflé une vie neuve à un si vaste ensemble hors d'Arabie. Toutes les branches de l'activité humaine s'en ressentent. Elle métamorphose l'individu, la famille, la société, la communauté, le pays ; c'est un réveil matériel et moral, intellectuel et spirituel à la fois.

W. Muir déclare : « *Les perspectives de l'Arabie avant Mahomet sont aussi peu favorables à toute réforme religieuse qu'à l'union politique ou à une régénération nationale. A la base des croyances arabes, il y a une idolâtrie invétérée qui a résisté pendant des siècles, sans se laisser sensiblement entamer, à tous les efforts d'évangélisation venus d'Égypte ou de Syrie*[6]. »

---

[6] W. MUIR, « *Encyclopaedia Britannica* »

Durant la jeunesse de Raçoūl, l'attitude de la péninsule est conservatrice au dernier point : jamais peut-être auparavant, une entreprise de réforme n'avait paru plus désespérée.

Quand les résultats semblent dépasser beaucoup les forces de l'homme, on invente volontiers des causes fantômes pour expliquer ces résultats. Le Raçoūl surgit, et aussitôt les Arabes s'éveillent à une vie spirituelle toute nouvelle ; d'où l'on déduit que le désir de ce changement fermentait déjà et que l'Arabie était prête à l'accueillir. Mais pour nous qui pouvons contempler le passé à tête reposée, c'est une hypothèse que dément l'histoire préislamique.

Les influences très faibles et très passagères du *Hādoūwisme* et du *Nāçāraïsme*, de la recherche philosophique sur la mentalité arabe n'avaient guère eu plus d'effet qu'une brise légère sur un lac tranquille ; au-dessous des rides de la surface, tout restait immuable.

La population était enfoncée dans la superstition, la cruauté et les vices. Sa religion n'était qu'une grossière idolâtrie, sa foi, une terreur superstitieuse et sombre des forces invisibles. Treize ans avant l'*Hījrā* [*Hégire*], *Mākkāh* [La Mecque] était plongée dans cette déchéance léthargique. Quelle transformation ces treize années n'apportent-elles pas !

Ce n'est qu'à l'appel du Raçoūl qu'une partie des Arabes citadins se réveillent de leur somnolence et d'un seul bond se jettent dans une vie nouvelle et réfléchie[7]. En réalité, la ferveur islamique n'a touchée que les Arabes de Mākkāh et une infime minorité de tribus, en fait un nombre insignifiant.

L'Islam a à peine effleuré la majorité des tribus bédouines qui ne se sont « converties » à cette religion que du bout de la langue et pour bénéficier du statut de musulman. Leur principal intérêt était centré sur l'action belliqueuse, la convoitise de butins et l'attrait des razzias !

A.R. Ibn-Khaldun [1332-1406][8], le fondateur des Sciences humaines analyse l'ethnie arabe d'une manière remarquable dans son monumental ouvrage[9]. Cet examen pertinent rédigé au XIVe siècle ne perd en rien de sa valeur sociologique, anthropologique et ethnique au XXIe siècle concernant les Arabes, c'est à dire les peuplades des pays du Golfe : *Koweït, Bahreïn, Qatar, Sultanat d'Oman, les Émirats Arabes Unis [E.A.U.], Arabie* et *Yémen* : « *Les pays conquis par les Arabes s'écroulent. Les Arabes sont une nation sauvage* [*umma wakhshyya*], *aux habitudes de sauvagerie invétérées. La sauvagerie est devenue leur caractère et leur nature. Ils s'y complaisent, parce qu'elle signifie qu'ils sont affranchis de toute autorité et de toute soumission au pouvoir. Mais cette attitude naturelle est incompatible* [*nunafiya*] *et en*

---

[7] Il s'agit des populations « *arabophones* » [qui s'exprimaient en langue arabe] des provinces d'Irak, de Syrie, d'Egypte, etc.

[8] A.R. IBN-KHALDUN [1332-1406], « *Al-Muqadâima* [« Les Prolégomènes ou Introduction »] »

[9] V. MONTEIL, « Ibn-Khaldun – Discours sur l'Histoire universelle [Al-Muqaddima] », Commission internationale pour la traduction des Chefs-d'œuvre, Beyrouth, 1967. P. 295-302.

contradiction [munaqida] avec la civilisation [umran]. Toutes les habitudes des Arabes les conduisent au nomadisme et au déplacement. Or, c'est là l'antithèse et la négation de la sédentarisation [maskun], qui produit la civilisation. Par exemple : les Arabes ont besoin de pierres pour leurs foyers et leur cuisine, ils les prennent aux maisons qu'ils détruisent dans ce but. Ils ont besoin de bois pour leurs tentes, pour les étayer et en faire des piquets : ils abattent les toits, pour en tirer le bois dans ce but. La véritable nature de leur existence est la négation de la construction [bina], qui est le fondement de la civilisation. Tel est, généralement, leur cas. De plus, c'est leur nature de piller autrui. Ils trouvent leur pain quotidien à l'ombre de leurs lances [rizqu-hum fi zilal rimakhi-him]. Rien ne les arrête pour prendre le bien d'autrui. Que leurs yeux tombent sur n'importe quel bien, mobilier ou ustensile, et ils s'en emparent. S'ils arrivent à la domination et au pouvoir royal, ils pillent tout à leur aise. Il n'y a plus rien pour protéger la propriété et la civilisation est détruite.

D'autre part, étant donné qu'ils fon travailler de force les artisans et les ouvriers, le travail leur paraît sans valeur et ils refusent de le payer. Or, comme on le verra plus loin, le travail est le fondement du profit [al-ahmal, aslu al-makasib]. Si le travail n'est pas apprécié, s'il est fait pour rien, l'espoir de profit disparaît, et le travail n'est pas productif. Les sédentaires se dispersent et la civilisation décline.

Autre chose encore : les Arabes ne portent aucun intérêt [inaya] aux lois [akh-kam]. Ils ne cherchent pas à dissuader les malfaiteurs ou à assurer l'ordre public. Ils ne s'intéressent [hammu-hum] qu'à ce qu'ils peuvent soustraire aux autre sous forme de butin et d'impôt. Quand ils ont obtenu cela, ils ne s'occupent ni de prendre soin des gens, ni de suivre leurs intérêts, ni de les forcer à se bien conduire. Ils lèvent des amendes sur les propriétés, pour en tirer quelque avantage, quelque taxe, quelque profit. Telle est leur habitude. Mais elle n'aide pas à prévenir les méfaits ou à dissuader les malfaiteurs. Au contraire, le nombre en augmente : comparée au bénéfice du crime, la perte représentée par l'amende est insignifiante.

En régime arabe, les sujets vivent sans lois, dans l'anarchie [fawda]. L'anarchie détruit l'humanité et ruine la civilisation. En effet, le pouvoir royal tient à une qualité naturelle de l'homme. C'est lui qui garantit l'existence des hommes et leur vie sociale [ijtima]. On a déjà vu cela au début du chapitre.

Et puis, tout Arabe veut être le chef. Aucun ne veut s'effacer devant un autre, fût-il son père, son frère ou l'ainé de la famille. Il ne s'y résout que rarement, et parce qu'on lui fait honte [khaya]. Aussi y-a-t-il chez eux, beaucoup de chefs et de princes, et les sujets doivent-ils obéir à plusieurs maîtres pour les impôts et pour les lois. C'est ainsi que la civilisation décline et disparaît […].

On remarquera que la civilisation s'est toujours effondrée avec la poussée de la conquête arabe : les établissements se sont dépeuplés et la terre devint tout autre que la terre [tabaddalati al-ard ghayra al-ard]. Le Yémen où vivent les arabes est en ruine, à par quelques villes. La civilisation persane en Iraq est complètement ruinée. Il en est de même, aujourd'hui, en Syrie […].

Les Arabes ne peuvent régner que grâce à quelque structure religieuse, de prophétie ou de sainteté. En effet, en raison de leur sauvagerie innée, ils sont, de tous les peuples, trop réfractaires pour accepter l'autorité d'autrui, par rudesse, orgueil, ambition et jalousie. Leurs aspirations tendent rarement vers un seul but. Il leur faut l'influence de la loi religieuse, par la prophétie ou la sainteté, pour qu'ils se modèrent d'eux-mêmes et qu'ils perdent leur caractère hautain et jaloux [...].

Les Arabes sont les plus éloignés de la conduite de l'Etat. Les Arabes, plus qu'aucune nation, sont enracinés dans la vie bédouine et s'enfoncent profondément dans le désert [...]. *Leur souverain a donc le plus grand besoin des liens du sang* [assabiyya], *nécessaire à l'auto-défense* [...]. *D'autre part, cependant, la monarchie et le gouvernement demandent une poigne de fer, seul gage de durée.*

Comme les Arabes, par nature, s'emparent des biens d'autrui, de même, ils s'abstiennent de tout arbitrage et de maintenir l'ordre public. Quand ils ont conquis une nation, leur objectif est d'en profiter pour s'emparer des biens de celle-ci. De plus, ils se passent de loi. Ils punissent parfois les crimes par des amendes, pour accroître les revenus du fisc et en tirer, financièrement, avantage. Mais ce n'est pas là un frein pour le crime [...]. *Une nation dominée par les Arabes est dans un état voisin de l'anarchie, où chacun s'oppose à l'autre. Ce genre de civilisation ne peut durer : il court à sa perte, aussi vite que l'anarchie elle-même* [...]. »

Il faut souligner qu'à la mort du Raçoūl, alors qu'il n'était même pas encore enterré, toutes les tribus bédouines d'Arabies guidées chacune par son faux prophète [sorcier, magicien, etc.] retournèrent dans leur désert originel afin de cultiver la mécréance et la barbarie, solide héritage de leurs ancêtres qui se perpétuent jusqu'à nos jours[10].

---

[10] *Ibid.*

A.R. Ibn-Khaldun [11] affirme : « *Plus tard, les Arabes furent écartés des dynasties régnantes, pour des générations. Ils négligèrent leur religion [Islam], oublièrent la politique et retournèrent au désert. Ils ignoraient le rapport de leur esprit de clan avec la dynastie régnante, car l'obéissance et la loi leur étaient redevenues étrangères. Ils redevinrent aussi sauvages que dans le passé. Le titre de « roi » cessa de leur être appliqué, à l'exception des califes de race [jil] arabe. Après la disparition du califat, le pouvoir sortit de leurs mains. Les Arabes restèrent alors Bédouins [bedawin] au désert, ignorant la monarchie et la politique. […]. Mais quand les Arabes oublièrent leur religion [Islam], ils n'eurent plus de rapport avec la politique, et ils retournèrent à leur désert originel.* »

B. Smith[12] souligne : « *L'heure a sonné de la révolution [Islam] la plus complète, la plus soudaine et la plus extraordinaire qu'eut jamais subi aucune nation de la terre. De toutes les personnalités religieuses du monde, c'est Mahomet qui a connu la plus parfaite réussite.* »

Tous les auteurs sont d'accord pour attribuer au Raçoūl une modestie de conduite et une pureté de mœurs bien rares chez les gens de la Mecque. L'impartialité et l'objectivisme admettent la critique.

Peut-on discerner un quelconque changement comportemental lorsque le Raçoūl[13] parvient à détenir à

---

[11] A.R. IBN-KHALDUN [1332-1406], « *Al-Muqadaima* [« Les Prolégomènes ou Introduction »] »

[12] B. SMITH, « *Encyclopaedia Britannica* »

[13] Le terme *Raçoūl* ou *Raçoūl Allāh* [Envoyé ou Messager d'Allah] est le qualificatif adéquat pour caractériser Raçoūl Moūhammad, Noūh, Ibrāhiym, Moūwça, Hiyça ibn Māryām. En effet, un Raçoūl reçoit un

l'âge mûr le poste de chef d'Etat ? L'unité de la personnalité demeure identique quand il fut berger du désert, commerçant de Syrie, solitaire du *Mont Hīrā*, réformateur sans partisans, proscrit de Médine, conquérant reconnu et l'égal du Persan Khosro II Abharvez [m. 628] et du Byzantin Héraclius [v. 575-641].

Quel est dans l'histoire humaine un autre homme qui astreint à de telles vicissitudes, reste insensible ? Ce qui se modifie c'est l'essentiel et celui-ci continue chez le Raçoūl à être identique en toute circonstance. L'existence du Raçoūl passe par des circonstances très diverses qui ne sont retrouvées dans la carrière d'aucun autre personnage. La condition d'orphelin est la plus malheureuse et celle de monarque est le summum de la puissance.

Orphelin qu'il est, il gravit l'échelle de la renommée royale, sans aucun changement dans son existence. Il mène comme à son habitude la vie modeste de sa jeunesse d'orphelin avec la même nourriture frugale et la même garde-robe très simple.

Livre divin [énoncé], il est mandater pour légiférer, car il est un législateur délégué par Allah. Dans le cas de Moūhammad, celui-ci est envoyé non seulement pour toute l'*Humanité*, mais également pour toute la *Jinnité*. Le *Nābi* [*Prophète*] n'apporte aucune *législation divine* et n'est donc pas un législateur. Tout au plus, il est désigné pour transmettre un mot d'ordre, une révélation, des directives, etc., à un nombre restreint d'individus. Le Prophète est toujours placé sous l'égide d'un Raçoūl. Par extension, le mot français « *prophète* » signifie une personne qui prédit l'avenir qu'il soit ou non avec un « *P* » majuscule. De ce fait, l'expression *Prophète* [désignant communément Moūhammad] très en vogue n'a rien à voir avec le personnage, la mission et les résultats du Raçoūl.

Certes, il est ardu de se priver du trône pour une vie d'ascète mais il est encore plus pénible de détenir l'autorité et de mener une existence austère ; de posséder le pouvoir et la fortune et de ne les consacrer qu'au bénéfice d'autrui. Lorsque le Raçoūl devient le chef de l'Etat, le mobilier de sa demeure comprend une natte grossière en feuilles de palmier en guise de lit et d'une jarre contenant de l'eau.

Beaucoup de nuits sont sans repas et bien des jours, aucun foyer n'est allumé pour la cuisson des aliments, bien que le Raçoūl dispose du trésor public et que les moyens abondaient pour la vie aisée et confortable. De plus, les plus riches de ses adeptes[14] qui sont prêts à sacrifier leur vie pour lui, auraient été honorés de subvenir à ses besoins s'il désire en profiter. Mais l'esprit du Raçoūl a du mépris pour les biens de ce monde et c'est un *choix personnel*.

La *polygamie* est la règle dans le pays du Raçoūl qui ne l'apprécie guère. Après la pureté de ses mœurs et la maîtrise de ses passions dans le célibat, il contracte le mariage où il vit avec une seule épouse jusqu'à cinquante-trois ans. Ainsi, il démontre que dans les circonstances normales, l'union monogamique est la norme.

Mais lorsque les bouleversements se présentent, il ne manque pas à ses engagements par attachement à ses principes. Il prend conscience qu'un danger guette la chasteté des femmes s'il ne tolère pas la polygamie. Dès

---

[14] Les soi-disant spécialistes en *Islamologie* décrivent toujours l'Islam comme croyance qui n'a séduit que les indigents et les misérables. Ceci est faux car les premiers personnages à se convertir ont été des riches et des aristocrates [Abou Bakr, Omar ibn al-Khattab, etc.].

lors, l'autorisation à « *titre exceptionnel* » de la polygamie va dans le sens d'un intérêt supérieur pour faire face à des « *circonstances exceptionnelles* » !

Prendre plusieurs épouses est une perversion, en ce sens qu'elle est une action qui détourne de sa vraie *nature* [mariage, famille, descendance] de la *normalité* [monogamie]. La polygamie a bien des égards n'est-elle pas une forme de *psychopathie* [*troubles de la sexualité* - addiction sexuelle, etc.-, *troubles psychotiques* -instabilité affective et/ou sexuelle, etc.] ? Il faut se poser la question si la polygamie était dans la nature humaine, pourquoi Dieu n'a- t-il pas octroyé à Hādām, le père de l'Humanité, plusieurs femmes pour peupler rapidement la Terre ?

La même situation d'exception le contraint à recourir à la guerre, bien que son tempérament y fasse obstacle. Avant la Révélation, pendant une quarantaine d'années, il vécut dans un pays où brandir le sabre fait partie des mœurs où les guerres et l'aversion héréditaire sont nationales.

Les hommes s'entretuent et se déchiquètent tels des fauves. Celui qui ignore le maniement des armes s'assure une vie des plus courtes. Durant ces quarante années, toutefois, il ne croise jamais le fer contre un ennemi ainsi que pendant les quatorze années qui suivent la Révélation.

« *Et tu* [*ô Moūhammad*] *es certes, d'une moralité éminente* » *(Coran, 68-4)*

Le Raçoūl Moūhammad incarne l'idéal éthique le plus élevé, il est d'une moralité imminente tel que le relate le

Coran. La simplicité et la sincérité sont le fondement de son caractère. Il accomplit toutes sortes de travaux besogneux.

Il fait personnellement et sans garde du corps, ni escorte ses achats au marché non seulement pour sa famille mais également pour ses voisins ou pour des ménagères impotentes. Aucune activité ne lui semble indigne et il démontre par l'exemple que *la profession ne définit aucunement la noblesse ou la bassesse d'un homme.*

Toutes ses actions et tous ses gestes sont enclins à la simplicité et à la bonhomie. Il ne se lasse jamais de répéter qu'il n'est qu'une modeste créature de Dieu, se nourrissant comme les autres, s'asseyant comme les autres. En compagnie de gens de tout rang, des esclaves comme des notables, il prend ses repas. Lorsqu'il s'assoit parmi un groupe de personnes, rien ne le distingue d'elles.

La clémence du Raçoūl envers ses ennemis n'a point d'égal dans l'histoire. L'admiration est complète lorsqu'on évoque sa magnanimité par exemple, dans la manière de traiter le peuple qui l'a tant haï et rejeté.

En effet, il n'existe dans l'Histoire aucun autre exemple de pardon si généreusement consent à un ennemi virulent qui répand tant de sang innocent, qui ne manifeste aucune pitié pour les hommes, les femmes et les enfants ; et qui ne lésine sur aucun moyen pour assassiner le Raçoūl et massacrer les musulmans. Les prisonniers de guerre[15] sont

---

[15] A la bataille contre les Hawazin, des centaines de prisonniers sont relâchés.

à peu près[16] toujours mis en liberté sans sollicitation de rançon.

« Ô vous qui croyez [à Allah, à l'Islam] ! Soyez stricts [dans vos devoirs] envers Allah et [soyez] des témoins équitables. Et que la haine pour une communauté ne vous incite pas à être injuste. Pratiquez l'équité : cela est plus proche de la piété. Et craignez Allah. Car Allah est certes Parfaitement Connaisseur de ce que vous faites » (Coran, 5-8)

Le Raçoūl exerce l'administration de la Justice d'une manière scrupuleuse et impartiale. Musulmans ou non musulmans, amis ou ennemis, alliés ou adversaires, tous possèdent les mêmes droits. Bien avant la Révélation, le peuple lui soumet tous ses litiges car son honnêteté, son intégrité sont proverbiales.

Ses ennemis les plus obstinés reconnaissent qu'il n'a jamais menti. Lorsqu'il donne sa parole[17], il la maintenait même dans les circonstances les plus adverses et les plus funestes. Le désespoir et le découragement lui sont inconnus. Sa foi dans le triomphe final de la Vérité est inébranlable. Au seuil de la mort, il fait ramasser ce que renfermait sa maison afin de le distribuer aux indigents.

De tout temps, les veuves, les orphelins, les pauvres et les infirmes lui inspirent une pitié profonde. Il est toujours un défenseur ardent des opprimés et des maltraités !

---

[16] L'unique cas où à la bataille de *Badr*, certains prisonniers sont libérés contre une rançon.

[17] Il refuse asile aux musulmans qui fuyaient les persécutions de la Mecque par respect fidèle à la trêve conclue à Hudaibiya.

Le Raçoūl revendique avec zèle les droits de la femme sur l'homme, de l'esclave sur le maître, du roturier sur l'aristocrate, du sujet sur le souverain.

Il place des esclaves noirs au même rang honorable que celui des chefs quraychites [aristocrates] et accentue l'*abolition de l'esclavage*. Les enfants qu'il affectionne lui causent un vif intérêt. Il ne néglige jamais les visites aux malades afin de s'informer de leur état de santé et de les réconforter. Il suivait personnellement les enterrements.

L'humilité au plus haut degré est à l'égal de sa bravoure. Il ne redoute aucun de ses ennemis et circule sans crainte de jour comme de nuit même à l'époque où les intrigues d'assassinat se trament constamment dans Médine. Il ordonne à tous ses compagnons de quitter Médine en demeurant presque seul au milieu d'ennemis cruels.

Quantitativement, le Raçoūl et une minorité d'individus des villes de la Mecque et de Médine sont, cependant, une exception à la règle en ce qui concerne la démographie totale de la population arabe. Celle-ci représente la quasi majorité des tribus bédouines d'Arabie, du Yémen et des environs [les pays actuels du Golfe].

II - Conviction du Dieu unique, Auteur de l'Univers

Quel est le concept qui fonde la révolution humaine la plus entière, la plus soudaine et la plus inouïe que ne connaît aucune nation sur la terre ? De quelle façon, le Raçoūl insuffle-t-il une vie morale et rationnelle à [une partie d'] un peuple enfoncé dans la superstition, les légendes, la cruauté et les vices ? De quelle manière surmonte-t-il la tâche irréalisable d'établir un consensus avec un ramassis de clans et de partis belliqueux continuellement en guerre ?

Ces factions diverses caractérisent réellement la communauté la plus désunie et la plus anarchique qu'on ait pu connaître dans l'histoire humaine.

Quelle panacée prescrit-il aux maux de l'Humanité ? Il est indéniable que la réussite du Raçoūl sans égale dans les annales de l'Histoire est totalement imprégnée dans la foi en Allah.

La conviction du Raçoūl vis-à-vis des desseins de Dieu est inébranlable. Le redressement de l'Humanité, l'amélioration non pas d'une communauté, ni d'une génération particulière ; encore moins d'un peuple « *élu* », mais le monde dans son intégralité sont les projets d'Allah dont rien dans l'Univers ne peut les contrecarrer.

« Et endure [ô Moūhammad] ce qu'ils disent; et écarte-toi d'eux d'une façon convenable » (Coran, 73-10)

« Et laisse-Moi avec ceux qui crient au mensonge et qui vivent dans l'aisance ; et accorde-leur un court répit » (Coran, 73-11)

Le Coran représente une force spirituelle considérable qui ne peut que conquérir le monde. La solide certitude que tout obstacle à sa mission est condamné à l'échec et que la réforme dont il est chargé sera un succès rythme chaque sourate du saint Coran[18].

Le Raçoūl n'ignore pas que toutes les tentatives précédentes de réforme de la région arabique sont des échecs retentissants. L'assurance de réussir en plus des idolâtres, des « *Āhlī al-Kitābī* [les *Gens du Livre*] [19] » devenus renégats, est un sentiment permanent.

Le Raçoūl est intimement convaincu que son message n'implique pas d'insuffler uniquement la vie à l'Arabie mais également à toute l'Humanité qu'il parvient à atteindre. Il comprend que le dessin d'Allah est de diriger peu à peu l'Humanité entière à la perfection.

« Ô gens ! Le Messager [Moūhammad] vous a apporté la vérité de la part de votre Seigneur. Ayez la foi, donc, cela vous sera meilleur. Et si vous ne croyez pas [qu'importe !], c'est à Allah qu'appartient tout ce qui est dans les cieux et sur la terre. Et Allah est Omniscient et Sage » (Coran, 4-170)

---

[18] « CORAN, 54-42/46 ; 74-7/17 »
[19] *Hādoūw* et *Nāçāra*.

Le Raçoūl Moūhammad n'est pas choisi seulement comme Messager de Dieu envoyé aux Arabes, mais Messager de Dieu pour tout le *genre humain*[20].

« *Dis [ô Moūhammad] : « Ô hommes [Ô humains] ! Je suis pour vous tous le Raçoūl Allah [Messager d'Allah, à Qui appartient la royauté des cieux et de la terre. Lā ilāhā illā hoūwā [Pas de divinité digne d'adoration à part Lui]. Il donne la vie et Il donne la mort. Croyez donc en Allah, à Son messager [Moūhammad], le Nābi illettré qui croit en Allah et en Ses paroles [ce Coran, al-Tawrāt et al-Njīyl]. Et suivez-le afin que vous soyez bien guidés* » » (Coran, 7-158)

Si cette considérable foi en Allah est la clef de voûte de la prodigieuse réussite, c'est aussi l'élément fondamental de la grande réforme qu'il effectue. Il ne commence pas à extirper tel ou tel vice, telle ou telle coutume ou superstition infâme. Il s'applique d'abord, à implanter solidement dans les cœurs des hommes et des femmes, la foi en Dieu. La Révélation à la Mecque scande presque entièrement sur un thème unique : Allah, l'Unique, Créateur de l'Univers ![21]

« *Il est le Créateur des cieux et de la terre à partir du néant ! Lorsqu'Il décide une chose, Il dit seulement : « Koūn Fāyākoūn » [« « Sois ! » ; et elle est aussitôt »]* » (Coran, 2-117)

---

[20] « CORAN, 9-33 ; 21-107 ; 25-1 ; 48-28 ; 61-8 ; 68-52 ; 81-27 »

[21] Les pseudo réformateurs, les *Traditionnistes*, de tout temps, utilisent une autre méthode. Ils essayent de faire disparaître *officiellement* et violemment les effets des mœurs dégradantes et les vices mais *officieusement*, ils alimentent la cause en faisant plonger les populations dans la misère, l'ignorance et l'obscurantisme sources de toute dégradation morale et spirituelle.

« En vérité, dans la création des cieux et de la terre et dans l'alternance de la nuit et du jour, il y a certes des signes pour les doués d'intelligence, » (Coran, 3-190)

La confiance envers Allah procure à l'Homme un contact qui canalise son énergie vers de hauts sentiments. L'Univers entier atteste de l'existence d'Allah [22] que démontrent les arguments extraits du monde physique[23].

« Allah fait alterner la nuit et le jour. Il y a là un sujet de réflexion pour ceux qui ont des yeux [ceux qui savent voir] » (Coran, 24-44)

« Et Allah a créé d'eau tout animal. Il y en a qui se déplacent sur le ventre, d'autres marchent sur deux pattes, et d'autres encore marchent sur quatre. Allah créé ce qu'Il veut et Allah est Omnipotent » (Coran, 24-45)

« N'est-ce pas Lui [Allah] qui commence la création, puis la refait, et qui vous nourrit du ciel et de la terre. Y a-t-il donc une divinité avec Allah ? Dis : « Apportez votre preuve, si vous êtes véridiques ! » » (Coran, 27-64)

« Nous leur montrerons Nos signes dans l'Univers et en eux-mêmes, jusqu'à ce qu'il leur devienne évident que c'est cela [le Coran] la vérité. Ne suffit-il pas que ton Seigneur soit témoin de toute chose » (Coran, 41-53)

---

[22] « CORAN, 6-73 ; 7-54, 57/58 ; 23-115 ; 30-11 ; 45-4/5, 12/13 ; 50-6/11 ; 55-5 ; 57-1, 4, 6 ; 67-2/4 ; 71-13/20 »

[23] NAS E. BOUTAMMINA, « Les contes des mille et un mythes - Volume II », Edit. BoD, Paris [France], novembre 2011.

« *Certes, votre Seigneur, c'est Allah, qui a créé les cieux et la terre en six jours, puis Istāwa [S'est établi] sur le Trône. Il couvre le jour de la nuit qui poursuit celui-ci sans arrêt. [Il a créé] le soleil, la lune et les étoiles, soumis à Son commandement. La création et le commandement n'appartiennent qu'à Lui. Toute gloire à Allah, Seigneur de Hālamīyn [Univers, Humain, Jinn et tout ce qui existe autre qu'Allah] !* » *(Coran, 7-54)*

Un autre ensemble de raisonnements se réfèrent au *Nāfs* [« *Âme* »] dont la conscience de l'existence divine forme l'élément le plus intime de l'homme.

« *et que Nous sommes plus proche de lui [Homme] que vous [qui l'entourez] mais vous ne voyez point* » *(Coran, 56-85)*

Ainsi, l'existence du Créateur fait partie intégrante de la nature humaine qui conserve une conscience encore plus explicite de l'existence de Dieu que de sa propre existence. La *création de l'Homme*[24] que produit l'amour divin s'exprime dès la première révélation et qui charge le Raçoūl de réformer l'Humanité. Cet amour divin se déclare en particulier vis à vis des personnes bienveillantes qui fuient le *Désordre*[25].

« *Le jour où chaque Nāfs [« Âme »] se trouvera confrontée avec ce qu'elle aura fait de « bien » [moralement juste, utile] et ce qu'elle aura fait de « mal » [moralement injuste, inutile], elle souhaitera qu'il y ait entre elle et ce mal une longue*

---

[24] « CORAN, 11-90 ; 85-13/14 ; 96-1/3 »
[25] « CORAN, 2-195, 222 ; 3-75, 133, 145, 147 ; 5-42 ; 9-4, 7 »

distance ! Allah vous met en garde contre Lui-même. Allah est Compatissant envers [Ses] serviteurs [musulmans] » *(Coran, 3-30)*

Le principe fondamental de la croyance en Allah se fond intimement sur le concept que l'Homme doit s'expliquer de tous ses actes. L'Univers est régi par des lois qui existent également sous forme morale spécifiant que la récompense est la conséquence naturelle de toute bonne action et que la punition est le résultat de toute mauvaise action.

« *N'as-tu pas vu ceux-là [Hādoūw et Nāçāra] qui se déclarent purs ? Mais c'est Allah qui purifie qui Il veut ; et ils ne seront point lésés, fût-ce l'équivalent d'un Fātīl [pellicule recouvrant le creux situé au dos d'un noyau de datte]* » *(Coran, 4-49)*

Dès lors, nier la *Justice divine*[26] qui est le fondement essentiel de l'ordre de l'Univers, c'est nier l'existence de l'Univers.

Tout être vivant est responsable devant Allah de ce qu'il accomplit[27] *!*

La responsabilité la plus importante de l'Homme n'est pas celle qu'il assume devant la société ou l'Etat, mais devant Allah[28]. Etant donné que tout ce qui existe se

---

[26] « CORAN, 124 ; 7-8/9 ; 21-47 »
[27] « CORAN, 5-19 ; 21-107 »
[28] « CORAN, 4-135 ; 17-13/15 ; 45-21/22, 29/37 ; 74-38 ; 99-7, 9 »

conserve, tout fait et parole de l'Homme sont gardés et leurs conséquences sont en sursis[29].

En effet, la réalité essentielle de la conviction en Allah est qu'Il n'a pas uniquement créé l'Homme, Il s'intéresse tout particulièrement à ses actes mêmes infimes. Cette certitude est mise en relief par le Coran et par le Raçoūl qui place son énergie à l'inculquer à ses adeptes pour que leur vie se modifie [30]. Etant donné que le *Janna* [« *Paradis* »] et le *Jahānāmā* [« *Enfer* »] ne sont que les expressions ultimes de la Loi de l'*Ordre* et du *Désordre* qui détermine la base de l'existence future.

La vie quotidienne n'est que le témoignage de la même loi. La finalité de la notion de l'*Ordre* et du *Désordre* demeure celle de leur résultat[31].

Il est indéniable que cette dualité [*qualité-défaut, Ordre-Désordre*] est systématiquement distinguée par la conscience [pour certains] ou le Nāfs [pour d'autres], les termes seuls diffèrent. Appliquée aux individus, les nations elles-mêmes n'échappent pas à cette règle[32].

L'Homme est invité à découvrir les secrets du monde du fini et à utiliser toutes les forces de la nature, mais sa tâche est vaine en ce qui concerne Allah qui est infini et qui demeure hors du domaine des découvertes humaines[33] dont Il est l'Initiateur !

---

[29] « CORAN, 50-17/18 ; 18-49 ; 43-80 ; 45-29 ; 82-9/12 »
[30] « CORAN, 9-24 »
[31] « CORAN, 92-4/10 »
[32] « CORAN, 45-28/9 »
[33] « CORAN, 6-104 »

Pour cette raison, dans Sa grande miséricorde, Il s'est révélé[34] à toutes les ethnies par l'intermédiaire de ses hommes, les élus[35] à différentes époques et particulièrement sous forme de Révélation Universelle par l'entremise du Raçoûl Moûhammad[36] !

« Certes, Nous t'avons fait [ô Moûhammad] une révélation comme Nous en fîmes à Noûh et aux Anbīyā [Nbīyā] après lui. Et Nous avons fait révélation à Ibrāhiym, à Ismāhiyl, à Içhāq, à Yāhqoûwb, à Sbāt [aux clans, tribus], à Hiyça ibn Māryām, à Ayoûwb, à Yoûwnoûs, à Haroûwn et à Soûlāymān, et Nous avons donné le Zāboûwr à Dāwoûd » (Coran, 4-163)

L'appel à la Çalāt [« Prière »] est d'ordre disciplinaire, elle habitue les adeptes à obéir à tous les ordres divins. Ils écoutent cinq fois par jour, cet appel qui leur préconise d'abandonner leur labeur journalier afin de se rendre à la mosquée s'incliner[37] devant Allah. Ils sont là, présents, côte à côte, le maître et le serviteur, le charismatique comme le modeste, le nanti comme l'indigent, la personne bien-portant comme celle malade ou infirme.

Une soumission absolue aux commandements divins devient bientôt partie intégrante de leur nature. De cette façon, la certitude en Allah est appliquée en pratique ; obéir volontairement[38] et sans exception à ses prescriptions

---

[34] « CORAN, 10-47 ; 35-24 »
[35] « CORAN, 5-11 ; 13-7 ; 17-95 ; 21-7/8 ; 28-7 »
[36] « CORAN, 48-51/52 »
[37] « CORAN, 22-77 »
[38] « CORAN, 2-256 »

devient la conduite du « *musulman* ». La direction est tracée de cette manière pour le Raçoūl afin de réformer entièrement l'existence de ceux qui l'acceptent pour annonciateur. La conviction intime en Allah leur procure une nouvelle prise de conscience de leur existence.

Les entraves rigides de la coutume et des usages leur paraissent tellement aisées à se défaire. Tant que le Raçoūl était vivant et parmi eux, l'une après l'autre, les anciennes traditions [*Tradition des Ancêtres*] sont abolies en même temps que la nouvelle loi se détaille. Non seulement l'esprit de certains individus se métamorphose, mais ce sont les sociétés étrangères aux Arabes qui se transformèrent.

La lutte envers le fléau de la boisson est vraisemblablement la plus ardue. L'exemple des Etats-Unis[39] qui tentent de l'extirper par des lois est un fiasco.

---

[39] La Prohibition est l'interdiction légale de la fabrication et de la vente de boissons alcoolisées. Elle désigne également la période où l'interdiction fut appliquée aux Etats-Unis [1920-1933]. Dans les années 1820, la population des Etats-Unis consommait une moyenne de 27 litres d'alcool pur par personne et par an. De nombreux dirigeants politiques et religieux tenaient l'alcoolisme pour un fléau national. Ils dénonçaient un lien étroit entre l'abus d'alcool, la criminalité et la misère. Vers 1855, treize des trente et un Etats existant à l'époque décrètent des lois établissant la prohibition. La crise politique qui précède la guerre de Sécession américaine écarte l'application de la prohibition. Une importante population [vers 1900] partageait l'opposition vis à vis de ce qu'ils considèrent comme le danger le plus grave menaçant la famille. Une ligue américaine contre les saloons ou *Anti-Saloon League of America* [ASL] soutient [en 1893] dans divers Etats, des candidats aux postes gouvernementaux.

Les Arabes se livrent à la boisson comme aucune autre nation du monde moderne. A la fin de la mission du Raçoūl, des versets décrètent l'interdiction des boissons enivrantes.

« Ô vous qui croyez [à Allah, à l'Islam] ! Le vin [et toutes sortes de boissons alcoolisées et autres substances enivrantes], le jeu de hasard, les pierres dressées, les flèches de divination ne sont qu'une abomination, œuvre de Shaytān [« semeur de désordre sur Terre »]. Ecartez-vous en [strictement], afin que vous réussissiez » (Coran, 5-90)

« Shaytān [Semeur de Désordre] ne veut que jeter parmi vous, à travers le vin et le jeu de hasard, l'inimité et la haine et vous détourner de l'évocation d'Allah et de la Çalāt. Allez-vous donc y mettre fin ? » (Coran, 5-91)

Une législation est adoptée par deux tiers des Etats [en 1917] pour la condamnation des saloons et l'instauration de la prohibition ; le Congrès propose aux Etats le 18e amendement à la Constitution défendant la fabrication, la vente ou le transport de boissons alcoolisées. En 1919, le texte est définitivement approuvé. De multiples entraves empêchent l'application de la loi. En effet, des distilleries clandestines, ainsi que l'importation illégale d'alcool canadien, mexicain et européen se développèrent sous le contrôle des *bootleggers* [vendeurs d'alcool illégal]. L'Etat fédéral est impuissant à empêcher ces infractions à la loi. Des quantités considérables d'alcool sont produites dans l'illégalité. Moins de 5% de l'alcool introduit frauduleusement sont saisis. Les organisations criminelles amassent une fortune en s'adonnant avec frénésie à ce commerce prohibé d'alcool. L'association contre l'amendement de la prohibition ou *Association Against the Prohibition Amendment* [AAPA], rassemblant des personnes riches et influentes [démocrates] fait campagne afin de supprimer les lois de prohibition, en prétextant que le gouvernement fédéral nuisait aux traditions de liberté individuelle. L'obtention de la présidence [en 1932] par les démocrates qui annulèrent le 18e amendement [en 1933], mettant ainsi fin à la prohibition.

Il est indéniable qu'à présent, ceux qui se prévalent de l'Islam à travers le monde, se sont écartés de cette calamité beaucoup plus que toute autre peuple.

Les coutumes infâmes, les habitudes dépravées se sont atténuées. La certitude fait naître à certains Arabes, principalement de la première génération de l'Islam et peu de temps après à d'autres peuples, une existence neuve qui les assigne à l'avant-garde de l'humanisation et de la civilisation[40] et en les établissant comme flambeaux du progrès culturel, moral et spirituel du monde[41].

---

[40] L'*humanisation* désigne l'ensemble de la croyance, des règles sociales et l'état d'avancement matériel, moral qui caractérisent la société du Raçoūl. Ce terme n'a rien en commun avec le terme *civilisation* qui représente le second stade des sociétés humaines. Les phases de l'évolution normale de la société humaine sont le passage d'un stade [*humanisation*] à un autre [*civilisation*] ; on ne peut sauter les étapes sans créer le désordre et la décomposition. En effet, l'adoption progressive de la civilisation du Raçoūl et le rejet de son humanisation sont confirmés malheureusement par les sociétés dites civilisées mais déshumanisées.

[41] « CORAN 2-143 ; 3-110 »

III - Accomplissement de la Çalāt

Un autre service essentiel qu'offre le Raçoūl à l'Humanité est la *Çalāt* [« *prière* [42] »] qui sert non seulement d'élément capital au perfectionnement individuel mais également le fondement de cette extraordinaire fraternité humaine qu'il institue. Suivant l'ordre historique, la première révélation *ordonne l'instruction, de lire et d'écrire*[43], la seconde est d'informer les humains et de déclarer la grandeur d'Allah[44].

« *Soyez assidus aux [cinq] Çalāwāt et surtout la Çalāt médiane [Âçr] ; et tenez-vous debout devant Allah, avec humilité* » *(Coran, 2-238)*

La troisième révélation indique la *Çalāt*[45]. Selon ces prescriptions, le Raçoūl institue la Çalāt qu'il suit avec ses adeptes au moment déterminé[46]. Le croyant ne choisit pas à sa guise quelque temps ou moment afin d'effectuer la Çalāt ou pendant ses loisirs. La Çalāt est profondément liée à ses occupations : les Çalāt rythment le cycle journalier.

---

[42] Le terme *prière* est très réducteur car il ne correspond aucunement au rituel musulman, l'un des fondements de l'Islam.
[43] « CORAN, 96-1/5 »
[44] « CORAN, 74-1/3 »
[45] « CORAN, 4-103 ; 17-78/79 ; 30-17/18 ; 73-1/4 »
[46] « CORAN, 4-103 »

Fixer solidement dans l'esprit de l'Homme la conscience innée en Allah est l'objectif essentiel afin de lui évoquer à chaque instant ses responsabilités envers Lui.

Ceci permet de le détacher de ses activités temporelles afin de le présenter à Dieu afin de susciter en lui, même parmi des agitations et des désordres susceptibles de l'éloigner du Créateur, la certitude de cette Présence suprême à qui il doit rendre compte.

Enfin, la Çalāt est l'occasion pour l'Homme de se souvenir qu'en dépit des moments de réussites ou de victoires, il n'est qu'une très modeste et très faible créature[47] d'Allah, et de même dans les situations pénibles et les désillusions il ne doit pas perdre l'espoir car il est soutenu[48].

« *Et cherchez aide dans la patience et la Çalāt : certes, la Çalāt est une lourde et dure obligation, sauf pour les Kāshīyn [humbles]* » *(Coran, 2-45)*

Pourquoi la Çalāt a-t-elle tant d'importance ? En premier lieu, l'Homme réalise par la Çalāt l'accomplissement du divin. Le fait de prêcher théoriquement l'existence divine est considéré par le Raçoūl comme insuffisante.

Il s'efforce de fixer dans les esprits la certitude de cette existence du Créateur qui devient le moteur vivant. Tout de suite après la croyance en Allah l'Unique[49], les trois

---

[47] « CORAN, 16- 4 ; 30-33, 37, 40 ; 39-8 ; 86-5/7 »
[48] « CORAN, 3-159 ; 14-12 ; 16-127 ; 25-58 ; 31-17 ; 39-10 ; 42-43 »
[49] « CORAN, 112-1/4 »

autres engagements du musulman sont celle du *Ghaïyb* [« *Invisible* »] et la *Çalāt continuelle*[50].

« *qui croient au Ghaïybt*[51] *accomplissent la Çalāt [Iqāmātoū Çalāt*[52]*] et dépensent de ce que Nous leur avons attribué [Zakāt*[53] *-« taxe purificatrice légale »] »* (Coran, 2-3)

Par la Çalāt, la croyance souligne la concrétisation du divin, définit la conviction de l'existence divine et réalise dès lors, l'altruisme. Donc, la foi en Allah s'exprime en pratique par la Çalāt qui se manifeste à son tour par le *service de l'humanité*.

---

[50] « CORAN, 2-238 ; 22-77 »

[51] Le mot *Ghaïyb* [se prononce *Raïyb*] veut dire littéralement *Invisible*. Toutefois, le terme englobe des concepts plus larges comme la croyance en *Allah*, aux *Malāyka*, aux *Kitāb* [*Livres*] *Révélés*, aux *Roūçoūl* [*Messagers*], au *Yāwm al-Qiyāma* [« *au Jour du Jugement/Résurrection* »], au *Qādr* [*destinée divine*].

[52] *Iqāmātoū Çalāt* signifie l'accomplissement de la *Çalāt* canonique qui en comporte cinq quotidiennes ; la *Çalāt* que les musulmans hommes et femmes accomplissent régulièrement, en des temps bien précis ; la *Çalāt* que les hommes effectuent en assemblée dans le *Māsjād* [*Mosquée*].

Iqāmātoū-Çalāt désigne aussi l'exercice de la *Çalāt* conformément à la règle édictée et mise en pratique par le Raçoūl qui a dit à ce propos : « *Priez comme vous m'avez vu prier* ».

[53] *Zakāt*. Il s'agit d'une proportion bien déterminée que le musulman prélève annuellement, au profit de certaines catégories de personnes [pauvres, malades, personnes sans ressource, etc.], sur ses biens lorsque ceux-ci atteignent le seuil recommandé. Ce dernier varie en fonction de la nature des biens. La *Zakāt* est obligatoire car elle constitue l'un des fondamentaux de l'Islam. Elle est un facteur économique majeur qui permet de rétablir une certaine justice sociale et d'amener la « *société musulmane* » à vivre dans la sécurité et la prospérité.

« *Al-Bīrā* [*al-Bīr -la piété, la bonté et toute œuvre pour l'agrément d'Allah*] *ne consiste pas à tourner vos visages vers le Levant ou le Couchant* [*pendant les Çalāt*]. *Mais al-Bīrā est* [*la qualité*] *de celui qui croit en Allah, au Yāwm al-Dīynī* [« *au Jour de la Rétribution* »], *aux Malāyka, aux Kitāb et aux Nbīyā, qui donne de son bien, quelque amour qu'il en ait : aux proches, aux orphelins, aux Māçākīne* [*nécessiteux*], *aux voyageurs indigents, à ceux qui demandent l'aide et pour délier les jougs ; qui accomplit la Çalāt et acquitte la Zakāt. Et ceux qui remplissent leurs engagements lorsqu'ils se sont engagés, ceux qui sont endurants dans la misère, la maladie et quand les combats font rage : les voilà les véridiques et les voilà les vrais Moūttāqoūwn* [*les pieux*] » *(Coran, 2-177)*

D'après le Coran, le développement spirituel de l'Homme est subordonné à la Çalāt[54]. La *réussite* ou *Fālāh* est selon le Raçoūl profondément attachée à la Çalāt à tel point que les deux expressions viennent presque à se remplacer.

La Çalāt purifie le cœur de l'Homme qui abandonne ses bas instincts[55], l'imperfection de l'entourage et dirige son *Nāfs* [« *Âme* »] vers le contact divin. La Çalāt projette la quête de l'*appui divin*[56] et entretient le *Nāfs*, si bien que l'individu qui ignore la Çalāt est considéré comme *spirituellement mort*[57].

---

[54] « CORAN, 23-1 »
[55] « CORAN, 11-114 ; 29-43, 45 »
[56] « CORAN, 1-4/5 ; 2-45/46 »
[57] « CORAN, 20-130/132 »

Le Raçoūl sépare la Çalāt en deux parties : celle à réciter isolément et celle à observer en commun, dans une mosquée. La Çalāt en privé sert à développer l'ego et en public, elle constitue une puissante et efficace énergie d'*unification* du genre humain. En effet, le rassemblement cinq fois par jour de personnes demeurant dans le même quartier reste favorable à un bon esprit social. Lors de l'office divin journalier les relations sont limitées à un cercle relativement restreint : les participants sont généralement tous voisins.

La Çalāt hebdomadaire du vendredi, quant à elle, réunit tous les musulmans de la localité. Ce cercle s'étend sensiblement pour devenir plus important aux deux regroupements annuels lors des fêtes musulmanes de l'*Aïd* ainsi qu'aux pèlerinages [*Oūmrā* et le *Hājj*].

Dans l'absolu, la Çalāt contribue à établir des relations sociales entre les différentes souches de la société musulmane !

L'aspect le plus important que provoque la Çalāt en commun est le nivellement des conditions sociales. Elle contribue à faire disparaître toute distinction socioprofessionnelle, ethnique ou d'infirmité.

Dans l'enceinte de la mosquée, le musulman éprouve, normalement, une ambiance d'égalité, de fraternité, d'amour et de liberté. Épaule contre épaule, les musulmans acquièrent l'habitude à se maintenir face à leur Créateur[58] en rang serré, le monarque à proximité du plus modeste des citoyens, le nanti luxueux à côté du mendiant

---

[58] « CORAN, 2-115, 238 »

en guenille, l'individu à peau claire à côté de celui à peau noire. Du moins, ce fut le cas à l'époque du Raçoūl.

Un nivellement plus absolu n'aurait pu être représenté en ce monde. Les humains se fréquentent cinq fois par jour dans la mosquée sur une base d'égalité qui modifie leurs anciens préjugés qui stipulent qu'un individu est supérieur à un autre en raison de sa condition sociale, sa fortune, son appartenance ethnique ou de sa couleur de peau !

La Çalāt en commun qu'établit le Raçoūl est le résultat pratique de son enseignement sur l'égalité, la fraternité, l'unité du genre humain[59].

Il se serait efforcé en vain à discourir, il aurait eu beau faire comprendre avec éloquence l'égalité des humains, la fraternité des croyants, l'altruisme, ses paroles eussent été inutiles si ces concepts ne se manifestent pas journellement dans la vie par l'établissement de la Çalāt en commun. Celle-ci s'affirme être une énergie incomparable visant à l'unification de l'Humanité.

Profiter cinq fois par jour, d'une sérénité absolue dans un monde de combats et de rivalités, n'est-ce pas une bénédiction ? De fraternité et d'égalité alors que l'égoïsme et l'inégalité prédominent en tous lieux ; d'altruisme et d'amour, un délai dans les intrigues et l'aversion de l'existence quotidienne.

---

[59] Les politiciens et les pseudo réformateurs « *philosophent* » abstraitement et continuellement sur ces notions [qui sont pour eux, en réalité, vides de sens] en brandissant des textes constitutionnels et des décrets.

La Çalāt est plus qu'une bénédiction : elle est le grand enseignement de la vie !

La contrainte de l'Homme à œuvrer dans l'injustice et l'inégalité, dans le combat continuel, dans la brutalité et la haine se heurte à une détente qui l'extirpe cinq fois par jour à ce désordre.

Il découvre alors que ces notions [justice, fraternité, amour et liberté] pratiquées dans la vie journalière deviennent le principe de l'unification du genre humain et participent à l'humaniser de manière permanente procurant véritablement le bonheur.

Par son enseignement, le Raçoūl développe plus encore l'emploi de la Çalāt qui ne doit pas se limiter à l'intérieur de la mosquée, ni à l'heure prescrite mais d'être à la disposition constante de l'Humanité pour les différentes phases de son existence !

IV - Unité du genre humain

« Ô hommes ! Nous vous avons créés d'un mâle et d'une femelle, et Nous avons fait de vous des nations et des tribus, afin que vous vous connaissiez mutuellement. Certes, le plus noble d'entre vous, auprès d'Allah, est le plus pieux. Allah est certes Omniscient et grand Connaisseur » (Coran, 49-13)

La conception de l'unité du genre humain est l'apport exclusif du Raçoūl à la civilisation humaine. Elle est une conséquence logique de la base de l'unité de Dieu, élément fondamental de toute sa doctrine. Il est indéniable que pour la première fois dans l'Histoire, la notion que l'Humanité dans son intégralité est unique et indivisible[60] est une idée qui germe dans l'esprit du Raçoūl !

Aucun pays n'est moins approprié que l'Arabie à voir la naissance et la réalisation d'une idée de cet ordre. Ce sous-continent se scinde en maints petits fiefs dont chaque clan s'organise en unité politique différente et autonome[61].

---

[60] La croyance *yāhoūwdique* [de *Yāhoūwd* -judaïque-], selon elle, n'admet qu'un seul peuple sur terre qui, de plus est « *élu* », celui des *Yāhoūwd*. Le christianisme à la fin du XIXe et début du XXe siècle sous l'influence de la perte de son autorité et de la décolonisation adopte timidement l'idée que les humains sont « *frères* », mais à condition [officieusement] qu'ils soient Chrétiens [ou le deviennent]. Les sociétés modernes ne conçoivent que théoriquement que tous les *humains forment un seul peuple*. Avec un manque d'assurance, des chartes et des déclarations internationales s'élèvent pour la reconnaissance de ce concept fondamental.

[61] « CORAN, 23-52/54 »

Chaque chef conduit sa tribu à guerroyer les tribus ennemies.

Les tribus et les clans sont aussi instables que les sables des ergs où ils demeurent. Des aversions héréditaires et continuelles à transmission testamentaire véhiculent des prétextes. Ces derniers enflamment le brasier d'une bataille qui se prolonge sur des années, des décennies avec son cortège de massacres et de destructions comme en témoigne le Coran[62].

La paix se contracte par l'épuisement, mais les braises d'anciens ressentiments se hâtent de flamber de nouveau et la région revient au stade initial.

Voilà, un bref exposé du pays où est né pour la première fois dans l'Histoire de l'Humanité ce concept, non pas que les Arabes ne représentent qu'une seule nation, mais que le genre humain dans son intégralité constitue une seule nation[63]. Le meilleur des humains est celui qui a la plus grande compassion et piété[64] !

« Les humains [gens] *formaient* [à l'origine] *une seule communauté. Puis* [après leurs divergences]*, Allah envoya des Nbīyā comme annonciateurs et avertisseurs; et Il fit descendre avec eux le Livre contenant la vérité, pour régler parmi les gens leurs divergences. Mais, ce sont ceux-là mêmes à qui il avait été apporté* [le Livre]*, qui se mirent à en discuter, après que les preuves leur furent venues, par esprit de rivalité ! Puis Allah,*

---

[62] « CORAN, 3-102/103 »
[63] « CORAN, 10-19 ; 30-22 ; 31-18 ; 49-13 »
[64] « CORAN, 49-13 »

de par Sa Grâce, guida ceux qui crurent à cette vérité sur laquelle les autres discutaient. Et Allah guide qui Il veut vers la voie droite » (Coran, 2-213)

« Ô hommes ! Craignez votre Seigneur qui vous a créés d'un seul être [Hādām], et a créé de celui-ci son épouse et qui de ces deux là a fait répandre [sur la terre] beaucoup d'hommes et de femmes. Craignez Allah au nom duquel vous vous implorez les uns les autres [vous demandez vos droits mutuel] et craignez de rompre les liens du sang [les relations de parenté]. Certes Allah vous observe parfaitement » (Coran, 4-1)

Cette conception n'est pas l'intuition momentanée d'un halluciné, surpris lors d'une exaltation passagère. Mais le principe d'action analysée dans ses moindres détails, aussi bien dans les applications du Raçoūl que dans les révélations qui admettent le lignage de fait en tribus et en familles qui doit mener finalement à l'unification de l'Humanité[65].

Tous les peuples en quelque pays où ils vivent, quels que soient leurs idiomes ou la couleur de leur peau, se reconnaissent tous comme individus d'une même famille vivant sous un toit identique, la voûte céleste et tous aspirent aux mêmes droits et bienfaits de la nature[66] !

Ainsi, le Raçoūl enseigne que pareil au reste de l'Univers, l'Humanité entière est soumise aux lois physiques établies par Allah !

---

[65] « CORAN, 30-20 ; 30-22 »
[66] « CORAN, 4-1 ; 6-98/100 »

« C'est Lui [Allah] qui vous a fait de la terre un lit et du ciel un toit ; [c'est Lui] qui précipite l'eau [la pluie] du ciel et par elle, fait surgir toutes sortes de fruits pour vous nourrir : ne donnez donc pas des égaux à Allah [dans l'adoration], alors que vous savez [que Lui Seul a le droit d'être adoré] » (Coran, 2-22)

En plus de l'exposé de ces nobles préceptes dignes d'admiration sur l'unité du genre humain, le Raçoūl les concrétise par la pratique. Le travail à accomplir est particulièrement ardu.

L'attitude des Arabes envers les préjugés raciaux est de loin plus détestable que celle d'aucune autre nation contemporaine. Leur orgueil est encore plus considérable lorsqu'il s'agit de la langue qu'ils parlent. *Ādjmā* est le nom qu'ils donnent à tous les non-Arabes et signifie « *muet* », « *individus qui ne savent pas s'exprimer* ».

Le terme « *Ādjmā* » définit l'animal privé de parole, la bête. En conséquence, tous ceux qui n'appartiennent pas à la nation arabe sont méprisables à titre d'animaux muets, inaptes à manifester leurs idées en langage correct.

Paradoxalement, ce sont des non-arabes, les perso-berbéro-andalous, qui octroient à la langue arabe ses lettres de noblesse en l'enrichissant d'un considérable vocabulaire scientifique, technique, artistique, littéraire, etc. et en créant la « Civilisation de l'Islam Classique [CIC] » ou « Civilisation perso-berbéro-andalouse [CPBA] », celle-là même qui servira de fondement socioculturel aux sociétés européennes !

Coincés entre l'empire romain et l'empire perse, les Arabes s'affirment fièrement comme une race ô combien supérieure ! Dans la société arabe, le statut des Noirs n'est que celui de l'esclavage. Dans l'immédiat, le travail titanesque à accomplir par le Raçoūl est de faire disparaître de la mentalité arabe tous les préjugés ethnique et idiomatique étant donnés qu'une infime minorité d'Arabes sont affectés à transporter le flambeau de l'Islam à tous les peuples du monde.

Le rassemblement quotidien des musulmans pour la Çalāt à la mosquée porte ses premiers fruits. Des membres de l'aristocratie quraychite et des esclaves noirs figurent parmi les premiers convertis qui ne se distinguent par aucune différence de rang dans la mosquée et dans la compagnie du Raçoūl. Ayant coutume de se côtoyer dans la Çalāt, le passage de l'étape suivante est aisé et l'égalité s'affirme en toute occasion. A juste titre, le service d'Allah est l'accès vers la sympathie et l'altruisme. Le Coran[67] se prononce sur le refus des quraychites de siéger parmi l'assemblée du Raçoūl[68] en prétendant que son entourage comporte, selon eux, des individus de condition sociale inférieure.

« Les notables de son peuple qui avaient mécru, dirent alors : « Nous ne voyons en toi qu'un homme comme nous ; et nous voyons que ce sont seulement les vils parmi nous qui te suivent sans réfléchir ; et nous ne voyons en vous aucune supériorité sur nous. Plutôt, nous pensons que vous êtes des menteurs » » (Coran, 11-27)

---

[67] « CORAN, 11-29, 31 »
[68] « CORAN, 18-23 »

Qu'il soit esclave abyssin ou aristocrate quraych, ils se rapprochent naturellement au moment de la Çalāt et dans les assemblées. *L'égalité est absolue devant Allah* : ce principe facile à saisir leur est enseigné. Le modelage de la vie quotidienne sur ces notions conduit spontanément l'esclave et le noble à bénéficier de l'égalité statutaire sociale et à assurer le devoir du respect mutuel[69]. Aucun individu ne devait aspirer à l'honneur en raison de son ethnie, de sa fortune ou de son idiome : l'honneur est une gratification de celui qui est le plus fidèle à son devoir [70] est l'énoncé d'un autre concept.

Le Raçoūl spécifie que le choix d'un *Imam,* chef spirituel d'une communauté de fidèles, se base sur des critères du comportement, de sa haute moralité, de son savoir, de l'importance de sa connaissance de l'Islam et non en raison de son ascendant, sa fortune ou de son éloquence.

Bilal, un ancien esclave abyssin est désigné par le Raçoūl pour effectuer l'*Ādān* [l'appel à la Çalāt] dans la mosquée dont il était lui-même Imam. Ainsi, des deux dignitaires de la mosquée, l'un était le Raçoūl Moūhammad et l'autre le Noir Bilal.

---

[69] Les sociétés dites « *civilisées* » inscrivent les notions d'*égalité*, de *fraternité*, de *respect* dans des textes nommés accord, arrêté, code, décret, protocole, déclaration, constitution, amendement, loi, règlement, etc., mais ces idées restent absentes de la conscience et du cœur des individus. Les sentiments ne se rédigent pas, ils se manifestent en actes et en paroles. Il suffit d'une bonne dose de démagogie savamment orchestrée et diffusée par les médias pour que la « *chasse aux sorcières* » soit ouverte.
[70] « CORAN, 49-13 »

V - La formation du caractère

La formation du caractère de ses adeptes[71] est l'une des premières besognes dont s'occupe le Raçoūl. Il est bouleversé par les maux physiques de l'Humanité : l'esclave, l'orphelin, la veuve, l'étranger, l'indigent, l'infirme, le malheureux, l'opprimé, la victime d'une injustice, qui le préoccupe continuellement. Il consacre toute son énergie afin de les secourir et cherche des membres qui adhèrent à son sentiment à leur égard.

Dans l'organisation de ses réformes, les préoccupations éthiques se placent à un degré supérieur. Antérieurement à la codification des relations sociales, dans les mœurs sexuelles ou dans la police de l'Etat, il œuvre déjà au redressement moral de l'Humanité. La nécessité des lois et des règlements afin d'empêcher les injustices de toute espèce est l'étape suivante.

Les lois les plus justes ne profiteraient à l'Humanité que si elles sont scrupuleusement appliquées par des hommes d'une haute moralité est une certitude pour le Raçoūl. C'est pourquoi, au début de la Révélation à la Mecque [Mākkāh], il se consacre à redresser la moralité jusqu'au plus haut degré, alors que d'autre part, il propage les concepts sublimes de

---

[71] « CORAN, 3-133 ; 41-3 »

l'unité d'Allah, de l'unité du genre humain, et qu'il dirige les humains à la Çalāt et à l'altruisme[72] *!*

« *Et tu* [*ô Moūhammad*] *es certes, d'une moralité éminente* » *(Coran, 68-4)*

Éminemment véridique lui-même d'où son surnom *Āmīn* [d'une haute moralité], il assure que la vérité est le fondement essentiel de toute moralité, de toute conduite. Il institue les bases d'une société où chacun doit réclamer la sincérité pour tout acte ou contact. Tout individu doit braver les souffrances, les dangers et faire des sacrifices pour l'amour de la vérité[73]. Au moyen de la vérité, on peut provoquer et vaincre la fausseté[74]. La fidélité envers la vérité doit être sans faille quel que soit le prix, au risque de nuire à nos intérêts ou à ceux de nos proches[75].

Normalement, d'un sens fondamental, « être musulman », c'est être constamment en alerte afin de défendre toute cause noble, tout idéal supérieur [*vérité, justice, liberté, droit, etc.*] *!*

Etre constant à ce principe de vérité, même à l'avantage d'un ennemi[76]. Proclamer la vérité à la face d'un tyran est un devoir essentiel. La vérité seule profitera *al-Yāwm al-Qiyāma* [« *le Jour du Jugement/Résurrection* »].

---

[72] L'immoralité, l'hypocrisie, la démagogie et l'esprit machiavélique sont les compétences traditionnelles requises pour gérer nos sociétés.
[73] « CORAN, 103-2/3 »
[74] « CORAN, 17-81 »
[75] « CORAN, 4-135 »
[76] « CORAN, 5-8 »

« *Allah dira : « Voilà le jour où leur véracité va profiter aux véridiques Sādīqīynā [véridiques] : ils auront des Jānātoūn [jardins] sous lesquels coulent les ruisseaux pour y demeurer éternellement ». Allah les a agréés et eux L'ont agréé. Voilà l'énorme succès* » (Coran, 5-119)

Le Raçoūl réussit effectivement à inculquer la voie qu'il exposait à ses fidèles. Il enracine si bien dans leur conscience et leur cœur la vertu de la franchise que non seulement ils affectionnent la vérité, mais de plus, ils s'astreignent aux épreuves les plus rigoureuses pour elle[77].

De toutes les vertus qu'intègre la foi, la *sincérité* est la plus importante que le Raçoūl ait inculquée. Avant l'exil des *Çoūhābā* [Compagnons] du Raçoūl à Médine afin d'échapper aux persécutions des *Quraych* [ou *Quraych*] mecquois, leur sincérité est témoignée par le Coran[78].

La *ténacité* est également une vertu qui est la marque distinctive de la vie du Raçoūl que décrivent les textes historiques. La patience et la ténacité sont des qualités que mentionne le Coran[79]. La certitude des compagnons du Raçoūl que leur souffrance est pour la *cause de la Vérité*, déploie en eux la vertu de la ténacité à un degré tel qu'aucun obstacle ne leur semble invincible.

« *Yā āyoūhā alāthīnā āmānoūw* [Ô vous qui croyez à Allah, à l'Islam] *! Cherchez secours dans l'endurance et la*

---

[77] « CORAN, 49-7 »
[78] « CORAN, 25-72 »
[79] « CORAN, 11-112/113 ; 14-12 ; 42-15 »

Çalāt. Car Allah est avec les Çābīrīyn [endurants, patients] » (Coran, 2-153)

L'enseignement de l'Islam insiste sur un élément essentiel, celui de la *bravoure*. La conscience de la crainte d'Allah n'admettant plus la crainte d'autres êtres que Lui provoque chez les musulmans une hardiesse spectaculaire malgré les obstacles violents qui se présentent à eux[80]. Leur grand courage les incite à livrer bataille contre des troupes ennemies deux fois plus importantes, bien qu'ils soient dénués d'armes et d'équipements[81]. Les musulmans luttent à *Badr*, à *Uhūd*, etc., et chaque fois, ils sont vainqueurs. Lors des guerres qu'ils soutiennent contre l'Empire perse et romain, leur nombre, leur matériel et leur expérience militaire ne peuvent se comparer à ceux de leurs ennemis[82]. Le courage qu'ils manifestent au combat provient de leur foi en Allah.

La résistance audacieuse à l'ennemi pour le soutien de la vérité, provoque dans leur personnalité la vertu de la *modestie*[83] qui s'enracine si profondément dans leur esprit grâce aux Çalāt quotidiennes où alignés dans l'égalité, ils s'inclinent ensemble en harmonie devant Allah.

Leur flambeau est, à juste titre, le Raçoūl qui n'essaie jamais dans ses relations avec autrui, à se placer au-dessus

---

[80] « CORAN, 3-172/174 ; 6-81/83 ; 10-62 ; 20-46 ; 33-39 ; 46-13 »
[81] « CORAN, 8-65/66 »
[82] Les détracteurs de l'histoire prétendent que ses grandes puissances de l'époque que sont la Perse et Rome furent militairement et techniquement faibles par rapport aux petits groupes d'hommes sous équipés et sous entraînés.
[83] « CORAN, 2-45 ; 16-23 ; 17-37/38 ; 31-18/19 ; 40-35 »

de quiconque. Annonciateur et chef spirituel, il demeure dans la simplicité tel que le dévoilent le Coran et les textes historiques. Les adeptes du Raçoūl reçoivent de lui, un autre moyen de défense dans les combats de l'existence, celui de l'*altruisme*. Les actions doivent être désintéressées et uniquement se motiver par le plaisir de Dieu[84].

« *Yā āyoūhā alāthīnā āmānoūw* [*Ô vous qui croyez à Allah, à l'Islam*] *! Remplissez fidèlement vos engagements. …* » *(Coran, 5-1)*

« *Et ne faites pas comme celle qui défaisait brin par brin sa quenouille après l'avoir solidement filée, en prenant vos serments comme un moyen pour vous tromper les uns les autres, du fait que* [*vous avez trouvé*] *une communauté plus forte et plus nombreuse que l'autre. Allah ne fait, par là, que vous éprouver. Et, certes, Il vous montrera clairement, au Yāwm al-Qiyāma* [« *au Jour du Jugement/Résurrection* »], *ce sur quoi vous vous opposiez* » *(Coran, 16-92)*

Le Coran insiste sur la *fidélité* aux devoirs et obligations engagées[85] et spécialement aux nations qui doivent s'assurer de bien respecter leur engagement. En effet, l'ivresse de la puissance les pousse à transgresser des accords.

Fidèles à ces idées, le Raçoūl[86] et ses adeptes[87] ne défaillent jamais aux transactions conclues en dépit des

---

[84] « CORAN, 2-207 ; 6-163 ; 59-9 ; 64-16 ; 92-19-20 »

[85] « CORAN, 5-1 ; 16-91 ; 17-34 ; 23-8 ; 70-32 »

[86] Les textes historiques affirment qu'à la signature d'un accord lors de la trêve de Hudaibiya, le musulman Abou Djandal torturé à la Mecque demanda asile au Raçoūl qui ne put le satisfaire par respect du traité.

diverses circonstances, souvent extrêmes. Dans l'histoire, il ne s'est guère rencontrer ailleurs l'exemple d'un respect des engagements aussi scrupuleux.

La débauche sexuelle demeure l'élément nuisible qui présente la plus grande emprise sur l'Homme. La chasteté reste une rare qualité d'où le grand intérêt que lui prête le Raçoūl qui tient pour exécrable la fornication extraconjugale[88].

Les critiques les plus virulentes du Raçoūl attestent tous de sa chasteté dont il enseigne les voies à suivre afin de ne pas sombrer dans ce danger[89].

L'épanouissement personnel de la sincérité se stimule tout d'abord par la franchise et la véracité dans l'observation des règles établies par Allah[90]. Le Coran condamne impétueusement l'*hypocrisie*[91] dont ses fidèles, les *hypocrites* sont les pires de l'ivraie humaine.

Assigner l'Homme à un rang moral supérieur en façonnant ses qualités les unes après les autres, comme la *reconnaissance*[92] dans sa généralité, est l'enseignement ainsi

---

[87] Les textes historiques témoignent que lors du mandat califal [*khalifal*] de Omar ibn al-Khattab, le général Abou Oubaida fut contraint d'évacuer le pays de *Hims* [Nord-Est du Bassin arabique] qu'occupera l'ennemi et ordonna le remboursement de la *Jāzīyā* [impôt de capitation] levé à la population, étant donné que les musulmans ne seront plus en mesure de la protéger.
[88] « CORAN, 17-32 ; 24-2 ; 25-68 »
[89] « CORAN, 24-30/31, 33 »
[90] « CORAN, 39-2/3 ; 98-5 »
[91] « CORAN, 2-102 ; 3-166 ; 4-145 ; 9-11 »
[92] « CORAN, 2-172 ; 14-7 ; 39-7 »

dispensé par le Raçoūl. Celui-ci insiste sur la gratitude entre les humains nécessitant l'échange des bons procédés[93].

Il recommande les vertus sociales, il signale les effets dommageables et nuisibles crées par l'*aisance financière,* le *luxe* et l'*égoïsme*[94].

Le Coran comme le Raçoūl offrent une moralité élevée qui sert de moule au caractère de ses adeptes.

---

[93] « CORAN, 55-40 »
[94] « CORAN, 49-11/12 »

VI - Être au service de l'Humanité

Au commencement des prêches du Raçoūl, la *Çalāt* et le *service de l'Humanité* quoique d'équivalence majeure, ce dernier est peut-être même de taille supérieure. En effet, la Çalāt demeure vaine en absence de bienfait à l'Humanité et elle signifie seulement une ostentation passible du plus rigide des blâmes[95].

« *Or, il ne s'engage pas dans la voie difficile !* » *(Coran, 90-11)*

« *Et qui te dira ce qu'est la voie difficile ?* » *(Coran, 90-12)*

« *C'est délier un joug [affranchir un esclave],* » *(Coran, 90-13)*

« *ou nourrir, en un jour de famine,* » *(Coran, 90-14)*

« *un orphelin proche parent* » *(Coran, 90-15)*

« *ou un Miçkīyn [pauvre] dans le dénuement.* » *(Coran, 90-16)*

La Çalāt n'a de valeur que si elle conduit au « *service de l'Humanité* » dont la concrétisation reste la plus ardue. Non seulement, assister l'orphelin et l'indigent, mais aussi

---

[95] « CORAN, 107-1/7 »

les respecter, leur rendre hommage [96]. Les indigents détiennent des droits sur la richesse des nantis[97] qui sont astreints à ne pas la thésauriser. Le Coran menace par des mesures particulières les détenteurs des richesses[98].

Dès sa prime jeunesse le Raçoūl adhère au « *Hilf al-Foūdhōl* », association dont les membres s'engagent sur l'honneur à secourir les faibles contre toute oppression et à défendre les droits fondamentaux contre la tyrannie. Par son appui intransigeant à la cause du faible, du pauvre et de l'opprimé, à lui et à sa famille les *Bānoū Hāchīm* reviennent l'honneur exclusif d'avoir constitué le premier *organisme humanitaire* !

« *Aux hommes revient une part de ce qu'ont laissé [héritage] le père et la mère ainsi que les proches ; et aux femmes une part de ce qu'ont laissé le père et la mère ainsi que les proches, que ce soit peu ou beaucoup : une part légalement fixée* » (Coran, 4-7)

Le Raçoūl possède un caractère naturel pour l'*amour de l'Humanité* si bien que sa préoccupation pour l'avilissement morale, pour l'anéantissement spirituel de l'Homme surpasse sa pitié pour ses souffrances physiques. L'abolition des règles injustes qui dépossèdent les orphelins et les femmes de leur quote-part d'héritage[99] est l'une de ses premières mesures de réforme lorsqu'il est à la direction de l'Etat.

---

[96] « CORAN, 89-17/20 »
[97] « CORAN, 51-19 »
[98] « CORAN, 68-17/27 »
[99] « CORAN, 11-2, 33 »

Une coutume inflexible chez les Arabes, institue que l'héritage revient uniquement à celui qui manie l'épée et en effet, on ne saurait se méprendre sur de telles mœurs dans un pays où la haine et les guerres sont continuelles, de véritables institutions culturelles.

Le Raçoûl décrète la suppression de toute discrimination à l'égard des faibles, des invalides et établit un droit d'égalité entre la femme, l'enfant et le soldat chargé de leur protection[100] alors que la défense de la communauté nécessite des hommes.

Le Raçoûl incite à l'*altruisme* qui est le plus noble objectif de l'existence. Son cœur déborde de compassion pour ce qu'il appelle les créatures muettes de Dieu, les *animaux* qui sont à ses yeux des créatures nobles, dignes de respect et de pitié. Il est le champion de leur cause et de celle de l'écosystème. Dès lors, il leur fixe des droits.

A - *La pratique de l'altruisme*

« *Ceux qui dépensent leurs biens dans la voie d'Allah sans faire suivre leurs largesses ni d'un rappel ni d'un tort [par exemple une insulte], auront leur récompense auprès de leur Seigneur. Nulle crainte pour eux et ils ne seront point affligés* » *(Coran, 2-262)*

« *Une parole agréable et un pardon valent mieux qu'une Çādāqā [aumône] suivie d'un tort. Allah est Riche [n'a besoin de rien] et Il est indulgent* » *(Coran, 2-263)*

---

[100] « CORAN, 4-2 ; 16-90 »

L'altruisme du Raçoūl est proverbial. Jamais, il ne refuse quoi que ce soit à quiconque. Après l'observation des règles d'Allah, il s'applique particulièrement à l'altruisme. A juste titre, le slogan essentiel de sa croyance est : « *Obéissance à Allah et bienveillance envers l'Homme* ».

L'altruisme qu'il préconise par le précepte et par l'exemple découle de son exceptionnel amour pour Allah qui est le fondement de la *bienveillance*[101], vertu qui enrichit son possesseur[102].

« *Et ceux qui dépensent leurs biens, cherchant l'agrément d'Allah, tout en étant convaincus [de Sa récompense], ils ressemblent à un jardin sur une colline : qu'une averse l'atteigne, il double ses fruits ; à défaut d'une averse qui l'atteint, c'est la rosée. Et Allah voit parfaitement ce que vous faites* » *(Coran, 2-265)*

« *Yā āyoūhā alāthīnā āmānoūw [Ô vous qui croyez à Allah, à l'Islam] ! Dépensez des meilleures choses que vous avez [licitement] gagnées et des récoltes que Nous avons fait sortir de la terre pour vous. Et ne vous tournez pas vers ce qui est vil pour en faire dépense. Ne donnez pas ce que vous-mêmes n'accepteriez qu'en fermant les yeux ! Et sachez qu'Allah est Riche [n'a besoin de rien] et qu'Il est digne de louanges* » *(Coran, 2-267)*

L'altruisme doit être désintéressé et sans manière *ostentatoire*[103]. L'altruiste offre des dons qui ont de la valeur

---

[101] « CORAN, 2-177 ; 76-8/9 »
[102] « CORAN, 2-261 »
[103] « CORAN, 2-262/264 »

quantitative[104]. Les bienveillants sont uniquement les individus dont Allah leur a octroyé la sagesse, tandis que la parcimonie découle du *Shaytān* [*Semeur de désordre*][105]. L'altruisme se manifeste en public ou en confidence[106]. L'exercice de la bienveillance doit s'accentuer principalement envers les indigents qui réprouvent la mendicité[107] et au non musulman[108].

Le Raçoūl métamorphose la conception des musulmans envers l'acquisition des biens. La possession de la richesse n'est pas mise en cause mais elle est sujette à des obligations qui deviennent des droits pour les démunis[109].

Ainsi, les deux conditions essentielles de la vertu d'après le Raçoūl sont la *Çalāt* et la *Bienveillance* qui ne se confond pas avec la *Zakāt* [« *taxe purificatrice légale* »][110], sorte d'impôt obligatoire, quant à elle recouvrée par l'Etat à taux déterminé.

La fortune qu'un individu gagne n'est pas en totalité sa propriété dont sa bienveillance consacre une partie, fut-il lui-même dans la gêne. Voilà l'altruisme dans son aspect le plus large que conçoit le Raçoūl en le qualifiant de *qualité humaine par excellence* !

---

[104] « CORAN, 2-267 »
[105] « CORAN, 2-268/269 »
[106] « CORAN, 2-271 ; 35-28/29 »
[107] « CORAN, 2-273 »
[108] « CORAN, 2-272 ; 59-9 ; 73-20 »
[109] « CORAN, 70-23/25 »
[110] Historiquement, le Raçoūl affirme : « *Sur la fortune de chacun, une part est due en plus de la Zakāt* ».

Il enracine dans l'esprit et le comportement de ses adeptes que disposer l'Humanité à la Çalāt et à la Bienveillance, tel est le double objectif qui définit le mode de vie qu'est l'Islam.

VII - L'activité et l'effort

« Quiconque fait de bonnes œuvres tout en étant croyant, on ne méconnaîtra pas son effort et Nous le lui inscrivons [à son actif] » (Coran, 21-94)

L'Humanité est gratifiée par le Raçoūl d'un autre grand service, celui d'encourager l'*activité* et de rendre hommage à l'*effort*. Sans équivoque, il assure que l'oisiveté ne produit pas la récolte, mais le travail procure une pleine rétribution.

« et qu'en vérité, l'homme n'obtient que [le fruit] de ses efforts ; » (Coran, 53-39)

« et que son effort, en vérité, lui sera présenté [le Jour du jugement] » (Coran, 53-40)

« Ensuite il en sera récompensé pleinement ; » (Coran, 53-41)

Le Raçoūl expose souvent la même idée à ses adversaires [111] en s'illustrant lui-même comme un besogneux infatigable, alors qu'il effectue divers travaux. Simple ouvrier lors de la construction de la mosquée, manœuvre lors de la fortification de Médine. Il affirme par l'exemple que toute activité participe à la dignité de l'Homme, et qu'aucune mesure n'établit la valeur d'un

---

[111] « CORAN, 6-136 ; 11-93, 121 ; 39-39 »

individu selon sa profession, quelle qu'elle soit. A toutes les professions, le Raçoūl institue le même rang de respect dans l'ordre social car aucune activité n'était trop modeste à ses yeux. Le travail le plus banal attribue de la dignité.

Entre employé et employeur, les rapports sont ceux de deux parties établissant un contrat sur une base d'égalité. Le Raçoūl institue le premier dans toute l'Histoire, l'énoncé d'une législation générale relative aux contrats de travail !

Selon les termes du contrat, le chef d'entreprise et l'ouvrier sont tenus pour parties contractantes. A l'absence du versement du salaire de l'employé à l'échéance, la recommandation à l'employeur est l'investissement de cette somme dans quelque opération dont des bénéfices vont à l'employé. Tous les fonctionnaires de l'Etat [percepteurs, magistrats, gouverneurs, etc.] appartiennent à la classe des serviteurs et en cela, perçoivent un traitement, mais sans consentir aucun don ou générosité de leurs administrés[112]. Le droit à des honoraires est pris en compte même à celui qui enseignait le Coran.

L'immense mérite qui revient exclusivement au Raçoūl est celui d'avoir codifié non seulement le travail mais également l'entreprise commerciale !

Toute entreprise commerciale doit se développer au service des consommateurs. En effet, il est interdit

---

[112] On retrouve étrangement le même concept des obligations, des droits et devoirs des fonctionnaires dans la tradition juridique de l'activité de la fonction publique [ou administration de l'Etat] dans les pays industrialisés.

d'immobiliser le stockage des marchandises [113] et la spéculation sur les grains est particulièrement défendue[114].

L'agriculture et la plantation d'arbres sont vivement conseillées[115]. Les propriétaires terriens dans l'incapacité d'assurer la culture sont invités à l'accorder à autrui afin de la cultiver sans payer de location[116].

Le propriétaire de la terre peut également la cultiver par des travailleurs agricoles moyennant une part de la récolte ou une somme déterminée. Ainsi, la législation islamique légitime la propriété foncière, le droit d'acheter et de vendre la terre, de la faire cultiver à son compte par autrui.

Le Raçoūl insiste beaucoup sur les activités, autre qu'agricoles qui permettent le progrès et la force de la société [l'industrie, la défense, la recherche, etc.]. Il annonce les prémisses de la révolution culturelle et sociale qui allait survenir hors d'Arabie, chez les non-arabes.

---

[113] Historiquement, le Raçoūl déclare : « *Quiconque bloque des céréales afin qu'elles deviennent rares et chères est un criminel* ».
[114] Historiquement, le Raçoū proclame : « *Quiconque achète des céréales ne pourra les revendre avant d'en avoir effectivement pris possession* »
[115] Historiquement, le Raçoūl assure : « *Qui cultive la terre qui n'appartient à personne a le meilleur titre à la posséder* ».
[116] Historiquement, le Raçoūl énonce : « *Si l'un de vous accorde une terre arable à un musulman en don, c'est mieux pour lui que s'il demandait un loyer déterminé* ».

VIII - La richesse

La tâche du Raçoūl est l'établissement d'un *Ordre mondial* qui englobe tous les aspects de l'existence humaine dont le fondement est une vivante conviction en Allah et l'*Unité du genre humain*. Il concentre ses efforts afin d'affermir dans le cœur des humains la conscience d'Allah et d'amalgamer des individus hétéroclites, des tribus et des ethnies en une communauté unique. Le Raçoūl se consacre ensuite à établir consciencieusement cet *Ordre nouveau* autour de lui.

De tout ordre qui touche la vie ici-bas, sans aucun doute, la *richesse* est une préoccupation constante. Elle est analysée par le Raçoūl dans sa doctrine qui spécifie l'*acquisition de la richesse*, sa *possession* et sa *répartition équitable*.

La richesse et sa quête si elle n'est pas soumise à une législation deviennent la source essentielle du Désordre moral, social et économique. La richesse est à l'origine de la perversion spirituelle, de la corruption des mœurs, de la misère, des crimes et des guerres. Elle définit la valeur sociale et incarne le moyen d'accès au pouvoir et aux privilèges. Enfin, elle se confond avec la Justice[117] *!*

---

[117] Toutes les sociétés [antérieures ou contemporaines] sont dirigées par les ploutocrates, ce sont eux qui règnent, eux qui établissent les lois et eux qui les font respecter. Ils appartiennent tous à un seul groupe et au même

Le constat que la richesse et son acquisition ne sont pas à supprimer est en conformité avec le Coran qui affirme que les dons de la nature sont les dons d'Allah[118]. Le Raçoūl recommande même à ses adeptes de demander à Allah de leur accorder les choses agréables de l'existence[119]. Il attire leur attention que la possession de la richesse est une exigence nécessaire à notre vie ici-bas !

« Et ne confiez pas aux incapables vos biens dont Allah a fait un moyen de subsistance pour vous. Mais prélevez-en, pour eux, nourriture et vêtement ; et parlez-leur gentiment et convenablement » (Coran, 4-5)

Ainsi, la richesse représente un moyen de subsistance qu'il ne faut pas gaspiller. Donc, il est un devoir d'empêcher[120] les individus dont on peut redouter un

---

système [ploutocratie]. Dans les soi-disant *démocraties* actuelles, il est faux de dire que les « *élus* » [sénateurs, députés, etc.] défendent l'intérêt du *peuple*. En réalité, ils ne protègent que leurs avantages personnels et représentent les intérêts de la ploutocratie dont ils sont issus [et qui les ont mis en place], pour la plupart.

[118] « CORAN, 7-32/33 ; 16-14 »

[119] « CORAN, 2-201 »

[120] L'esprit des riches est diamétralement opposé à ce précepte. Pour eux, ils ne doivent leur richesse qu'à leurs efforts personnels et à leur sens des affaires. Dès lors, le gaspillage le plus extravagant est commis sous les feux des projecteurs des médias. Quotidiennement, le gaspillage faramineux des collectivités, les hobbies d'un chef d'Etat s'immortalisant par des constructions pharaoniques inutiles et enfin les riches excentriques qui organisent des festivités orgiaques impériales faisant la une des magazines qui glorifient leur *savoir-vivre* et leur *bien-être*. Les *Bānī Abou-Lahab* [*Enfants d'Abou-Lahab*, le pire ennemi du Raçoūl] des pays du Golfe et les juntes militaires du Maghreb et du Machrek [Proche-Orient] qui dilapident des fortunes colossales chez eux et à l'étranger pour extérioriser

mauvais usage de leurs biens, en chargeant des tuteurs afin de gérer leur fortune tout en leur fournissant leur subsistance sur les bénéfices [déficient mental, chef d'Etat, gouverneur, etc.]. La richesse doit se gagner et s'acquérir. A cet égard les hommes et les femmes sont devant des obligations identiques[121].

L'*héritage* est également une source de richesse et là encore, les hommes et les femmes détiennent les mêmes droits[122]. Les biens peuvent également provenir d'une *donation*[123]. L'acquisition de la richesse n'est soumise qu'à une seule condition : les *moyens illégitimes sont interdits*[124].

« *Et ne dévorez pas mutuellement et injustement vos biens [par des voies illicites, illégales, tels que le vol, le détournement des fonds publics, la tricherie…], et ne vous en servez pas pour corrompre des juges afin de vous permettre de dévorer une partie des biens des gens, injustement et sciemment* » (Coran, 2-188)

Les Compagnons du Raçoūl sont de riches commerçants, des propriétaires terriens et exercent des professions diverses mais il leur était vivement conseillé de ne pas se laisser absorber par leur activité au point d'omettre leurs obligations envers Allah[125].

---

leurs *tares ancestrales* et pour satisfaire leur « *animalité* » en sont un bel exemple.
[121] « CORAN, 4-32 »
[122] « CORAN, 4-7 »
[123] « CORAN, 4-4 »
[124] « CORAN, 4-29 »
[125] « CORAN, 24-37 ; 62-9/10 ; 63-9 »

Les mêmes exigences s'imposent à la possession de la richesse qui ne doit pas estomper les responsabilités à l'égard du *Créateur*[126]. Peu importe la profusion de la fortune, l'inégalité dans les biens étant seulement une des circonstances de l'existence ; l'inégalité se présente en tous lieux dans la nature[127] !

Partout règne la diversité, aucune feuille n'est identique, ni aucun homme. Ce dernier est distinct par son intelligence, par ses conditions et son aptitude au travail, par son entourage et par conséquent, par les profits issus de son activité. Ces différences demeurent et à juste titre, les humains sont conviés à les tenir pour une des exigences de l'existence[128] !

Néanmoins, il est clairement établi que le nanti comme l'indigent ne gravit pas les échelons de la dignité par l'augmentation des biens, et qu'il n'est pas avili par sa pauvreté. Cette situation de la richesse qui ne représente rien auprès d'Allah est également valable pour ceux qui croient en Lui[129]. Alors que le peuple rend honneur au Raçoūl en le désignant comme chef spirituel et temporel, il ne possède aucun bien dans sa demeure et il ne laisse à sa mort aucun héritage.

Il habitue ainsi, les esprits à ne plus faire de la richesse un critère utilisé pour établir une *échelle des valeurs*[130]. Sa prise de position concernant les biens est équilibrée d'une

---

[126] « CORAN, 9-24 »
[127] « CORAN, 13-4 ; 35-27/28 »
[128] « CORAN, 16-71 ; 45-32 »
[129] « CORAN, 43-33/35 ; 49-13 ; 89-15/16 »
[130] « CORAN, 9-103 »

manière parfaite : elles sont indispensables à l'Homme pour subsister, mais n'augmentent pas sa dignité !

Les biens ne sont qu'un moyen, non pas l'objectif de la vie [131]. De plus nobles valeurs sont présentes dans l'existence et la quête de la fortune ne doit pas les faire sortir de la mémoire [132]. Le Raçoūl a souvent averti qu'entasser des biens conduit à beaucoup d'excès, tels que l'avarice, l'égoïsme qui est aux antipodes des valeurs supérieures[133].

« La course aux richesses vous distrait, » (Coran, 102-1)

« jusqu'à ce que vous visitez les tombes [enterrement] » (Coran, 102-2)

« Mais non ! Vous saurez bientôt ! » (Coran, 102-3)

L'avidité sans limite d'un individu obsédé par la richesse anéantit les nobles valeurs humaines. Un esprit cupide ne peut contenir l'amour d'Allah et fatalement, il L'oublie, perdant ainsi la satisfaction du Nāfs [« Âme »] qui est le résultat du souvenir d'Allah[134] !

L'amour immodéré de la richesse incarne alors un cœur qui flambe en consumant toute valeur[135] et devient le feu de l'enfer dans l'existence future. Le Coran qualifie de calomniateur et de diffamateur l'adorateur de la richesse

---

[131] « CORAN, 63-10 »
[132] « CORAN, 17-18/21 ; 43-32 »
[133] « CORAN, 70-19 »
[134] « CORAN, 3-13, 16 ; 63-10 »
[135] « CORAN, 13-28 »

et affirme par ailleurs, que l'amour des biens conduit à la moralité la plus abjecte[136].

« *Malheur à tout calomniateur diffamateur,* » *(Coran, 104-1)*

« *qui amasse une fortune et la compte,* » *(Coran, 104-2)*

« *pensant que sa fortune l'immortalisera* » *(Coran, 104-3)*

« *Mais non ! Il sera certes, jeté dans la Hoūtāmāh* » *(Coran, 104-4)*

« *Et qui te dira ce qu'est la Hoūtāmāh ?* » *(Coran, 104-5)*

« *[C'est] le Nār [Feu] attisé d'Allah* » *(Coran, 104-6)*

Ainsi, le Raçoūl proclame sans ambiguïté qu'un amour illimité des biens entraîne inéluctablement un avilissement moral et spirituel de la pire espèce[137] et asphyxie toute résolution au « *Service de l'Humanité*[138] ». En conséquence, l'amoncellement de la fortune est donc désapprouvé avec véhémence[139].

Afin de protéger l'Humanité des effets nuisibles du capitalisme [*libéralisme*] et de la finance, le Raçoūl guidé par la révélation divine, instaure certaines lois. Elles imposent des limites à la convoitise de la richesse et

---

[136] « CORAN, 68-10/14 »
[137] L'Histoire et l'expérience de la vie quotidienne témoignent de cette cruelle réalité.
[138] « CORAN, 89-17/20 »
[139] « CORAN, 9-34/35 »

également pour la soustraire à la minorité des possesseurs avides qui l'entassent !

Les réformateurs ont tous recommandé la bienveillance, le Raçoūl l'a préconisée également mais à un plus haut degré. Il institue l'*altruisme obligatoire* dans certaines circonstances. Tout travailleur a droit à une rémunération, mais il a également des obligations à l'égard d'autrui[140].

Après avoir dépensé pour subvenir aux besoins, le surplus des gains mis en épargne est considéré comme un *capital imposable*. Cette part déterminée était perçue afin d'être employée par une organisation adéquate au profit des indigents. De cette façon, tout individu pratique l'altruisme par deux moyens : à *titre gracieux* sur son revenu et d'une manière *obligatoire* sur son capital.

La bienveillance indispensable se nommait *Zakāt*[141] [*taxe de purification légale*] qui se définie comme un *acte de purification*. En effet, tout acte de transaction peut être perturbé par un esprit malintentionné. L'entassement des biens est considéré comme souillé par une quelconque impureté.

« *Prélève de leurs biens une Çādāqā [aumône] par laquelle tu les purifies et les bénis. Et prie pour eux. Ta Çalāt est une quiétude pour eux. Et Allah est Audient et Omniscient* » *(Coran, 9-103)*

---

[140] « CORAN, 2-272 »
[141] « CORAN, 9-103 ; 67-20 »

En raison de l'adoration de la richesse qui contamine aisément le *cœur du nanti*[142], celui-ci avait la faculté de se purifier chaque année par un quarantième de ses épargnes mises à la disposition des indigents : *voilà, la Zakāt* ! Bien que ce don soit obligatoire, son principe est basé sur la certitude personnelle de l'individu fortuné qui avait lui-même conscience que l'entassement de la richesse est un acte impur[143]. Donc, ce dernier qui exige une purification à raison d'un versement de 2,5% de sa fortune au profit des pauvres.

« *Les Çādāqāt [signifient ici les Zakāt] ne sont destinés qu'aux Foūqarā [indigents], aux Māçākīne [pauvres], à ceux qui y travaillent, à ceux dont les cœurs sont à gagner [à l'Islam], à l'affranchissement des jougs [libération des esclaves], à ceux qui sont lourdement endettés, dans le sentier d'Allah [aux Moūdjāhīdoūwn ou combattants dans la voie d'Allah] et au voyageur [en détresse]. C'est un décret d'Allah ! Et Allah est Omniscient et Sage* » (Coran, 9-60)

La *Zakāt* est indéniablement un « *impôt* » soutenu par une ratification morale, et à ce titre, elle constitue une institution sans égal dans l'*histoire de la bienfaisance* et *de la fiscalité*.

---

[142] « CORAN, 9-34 ; 92-5 »

[143] Les riches des sociétés dites *modernes* et *civilisées* [et ceux des pays en voie de développement ou du Tiers-Monde] ne sont pas de cet avis. L'accumulation des richesses est une vertu qui mobilise tous les efforts des agents gouvernementaux ou politiques [Président, Ministres, Députés, Sénateurs, etc.] pour fabriquer aux nantis une *Législation* sur mesure qui leur soit des plus favorables. Si cela ne suffit pas, les ploutocrates [nantis] ont recours au service d'une armada de juristes afin de leur éviter de s'acquitter légalement de l'impôt obligatoire. Ainsi, ils en sont *exemptés* !

En ce qui concerne l'acte bienfaisant, la Zakāt est une obligation morale ; alors que du point de vue fiscal, elle est ratifiée par la conduite morale et non pas sanctionnée par l'autorité de l'Etat !

Néanmoins, cette générosité nécessaire était une loi fondamentale de l'Etat. Elle demeure une institution de la nation musulmane même en l'absence d'un Etat musulman. L'assujetti devait verser à un établissement sa contribution qui est destinée aux progrès de la communauté et il ne doit pas s'immiscer dans le calcul de la Zakāt, ni de la partager aux individus estimés de son choix. Cet « *impôt* » est réclamé par des percepteurs dont leurs traitements sont prélevés sur ces mêmes fonds.

Le Raçoūl tolère le « *capitalisme contrôlé* », par opposition au « *capitalisme sauvage* » qu'est le « *Libéralisme* », et grâce à ces mesures, les excès du capital s'effacent. Il ne s'ingère en aucune manière dans la propriété privée, commerciale ou immobilière et ne dépossède aucun citoyen des résultats de son activité.

Le Raçoūl encourage la libre entreprise, la concurrence, le travail et l'esprit créatif. Il s'applique au développement d'une distribution plus équitable de la richesse en sollicitant les possesseurs du capital et aux entrepreneurs, d'allouer une part de leur fortune au profit de leurs concitoyens défavorisés [prestations sociales].

A ce sujet, le Raçoūl fonde une construction sociale où la quantité des porteurs de capitaux s'accroîtrait afin que la libre concurrence puisse s'exercer sans obstacle pour assurer ses meilleurs effets !

Dès lors, grâce au petit capital que leur attribue la Zakāt, les citoyens démunis espèrent créer une entreprise et ainsi, leur ardeur et leur labeur pousseraient à augmenter ce capital. En conséquence, l'accession à la richesse est possible à des classes de plus en plus nombreuses au lieu d'être focalisée comme il arrive habituellement sur un cercle restreint de porteurs de capitaux.

La Zakāt ne constitue pas l'unique moyen mis en pratique pour la répartition des biens. En effet, l'*héritage*[144] est soumis à des lois permettant le partage des biens transmis par le défunt entre les divers légataires.

Le Raçoūl innove donc, une double réforme qu'il institue en attribuant à la femme la faculté d'hériter[145] de la même manière que l'homme et en distribuant selon un esprit égalitaire la succession entre tous les intéressés[146] !

La conception juridique des successions testamentaires est un don nouveau et exclusif de l'Islam à l'Humanité !

A la mort d'un individu fortuné, détenteur d'un capital se substituent plusieurs légataires à petits capitaux. Voilà les idées générales de la loi qui détaille précisément ces articles en stipulant que les biens du testateur peuvent revenir à divers légataires[147] selon le degré de filiation. Le

---

[144] « CORAN, 4-7, 11-12, 33 »
[145] L'*héritage* ou le *droit à la succession* en tant que législation est d'apparition récente en Europe [fin XVIIIe siècle] et en France, après la campagne d'Égypte, N. Bonaparte [1769-1821] en fut l'instigateur [1806].
[146] « CORAN, 4-7 »
[147] « CORAN, 4-8, 11/12, 19, 176 »

premier degré comprend les enfants, les ascendants, le conjoint et le second degré représente les frères, les sœurs et les parents moins proches.

« Yā ayoūhā alāthīnā āmānoūw [Ô vous qui croyez à Allah, à l'Islam] ! Quand vous contractez une dette à échéance déterminée, mettez-la en écrit; et qu'un scribe l'écrive, entre vous, en toute justice ; un scribe n'a pas à refuser d'écrire selon ce qu'Allah lui a enseigné ; qu'il écrive donc, et que dicte le débiteur: qu'il craigne Allah son Seigneur, et se garde d'en rien diminuer. Si le débiteur est gaspilleur ou faible [mentalement] ou incapable de dicter lui-même, que son représentant dicte alors en toute justice. Faites-en témoigner par deux témoins d'entre vos hommes; et à défaut de deux hommes [disponibles], que ce soit alors un homme et deux femmes d'entre ceux que vous agréez comme témoins, en sorte que si l'une d'elles s'égare, l'autre puisse lui rappeler. Et que les témoins ne refusent pas quand ils sont appelés [pour le témoignage]. Ne vous lassez pas d'écrire la dette, qu'elle soit petite ou grande, ainsi que son terme: c'est plus équitable auprès d'Allah, et plus droit pour le témoignage, et plus susceptible d'écarter les doutes. Mais s'il s'agit d'une marchandise présente que vous négociez entre vous, dans ce cas, il n'y a pas de péché à ne pas l'écrire. Mais prenez des témoins lorsque vous faites une transaction entre vous ; et qu'on ne fasse aucun tort à aucun scribe ni à aucun témoin. Si vous le faisiez, cela serait une perversité en vous. Et craignez Allah. Alors Allah vous enseigne et Allah est Omniscient » (Coran, 2-282)

Une autre solution contre les excès du capital est la réglementation des relations entre *créancier* et *débiteur*[148]. Puisque le respect aux engagements est l'une des obligations primordiales du musulman, le débiteur est redevable de sa dette à l'échéance. Le créancier est invité à être magnanime, voire bienfaisant en gratifiant la dette du débiteur se trouvant dans la gêne[149].

Le Raçoūl très *libéral*[150], applique admirablement ce principe. La contraction d'une créance pour une cause juste est à la charge de l'Etat, si le contractant est incapable d'en assurer l'échéance !

L'*antidote radical* contre les abus du capital est l'*interdiction de l'intérêt*[151] énoncé par le Coran à la faveur de deux chapitres dédiés à la bienfaisance qui demeure la base de toute bienveillance humaine à l'opposé de l'intérêt qui asphyxie tout sentiment d'altruisme.

Le Coran décrit judicieusement l'usurier[152] qui accule son débiteur à l'extrême limite de sa gêne afin de joindre à sa fortune quelques piécettes. Sa rapacité le met dans l'impossibilité à se rétablir[153] !

A l'affrontement continuel entre le *capital* et le *travail*, le Raçoūl prend position pour l'activité et l'effort[188].

---

[148] « CORAN, 2-283 »
[149] « CORAN, 2-280 »
[150] *Libéral.* Par ce terme, on entend la politique tendant à garantir les libertés individuelles dans les sociétés de l'Islam.
[151] « CORAN, 2-275/280 ; 3-130 ; 4-29 »
[152] « CORAN, 2-275 »
[153] « CORAN, 4-161 »

L'effort et l'intelligence que demande le commerce place à un niveau supérieur la moralité. Alors que l'intérêt favorise la fainéantise et attise la ruse, le mensonge, l'hypocrisie, la persécution, les intrigues et la violence. En conséquence, l'Islam encourage l'entreprise commerciale et interdit la pratique de l'intérêt[154] !

« *Yā āyoūhā alāthīnā āmānoūw [Ô vous qui croyez à Allah] ! Ne pratiquez pas le Rībā [usure] en multipliant démesurément votre capital. Et craignez Allah afin que vous réussissiez !* » (Coran, 3-130)

« *Tout ce que vous donnerez à usure pour augmenter vos biens aux dépens des biens d'autrui ne les accroît pas auprès d'Allah, mais ce que vous donnez comme Zakāt, tout en cherchant la Face d'Allah... Ceux-là verront [leurs récompenses] multipliées* » (Coran, 30-39)

Afin de restreindre à son minimum les intentions malveillantes du capital dans l'ordre social, le Raçoūl prend encore une autre résolution relative aux *legs*. Il insiste sur l'obligation de toute personne très fortunée de léguer une part ne dépassant pas le tiers de ses biens à but bienfaisant[155].

Le Raçoūl a la conviction que la richesse reste le moyen de subsistance des hommes et des femmes qui doivent la

---

[154] L'*usure* ou *intérêt*, l'un des plus grands fléaux économiques de l'Humanité qui s'est institutionnalisé en système mondial. Il est la source de la misère des peuples de la planète : dettes et sous-développement des pays du Tiers-Monde et du surendettement des populations des pays industrialisés.

[155] « CORAN, 2-180 »

gagner légalement. Sa possession ne confère aucunement la dignité à l'Homme et son entassement aboutit au goût démesuré du luxe et de l'opulence qui engendre la dégradation morale !

A juste titre, le Raçoūl établit son système économique sur les fondements démocratiques de la Zakāt, de la répartition successorale, de l'interdiction de l'intérêt. Il transforme l'action du capital, remédie à ses dérives et augmente le cercle des porteurs pour équilibrer la concurrence et développer dans les grandes lignes les biens de la nation[156] !

---

[156] Ce principe n'est pas du sentiment de certains qui concentrent la richesse d'une nation et de toute la planète entre une poignée d'individus [financrates] machiavéliques sous forme de trust, de cartel et de multinationale.

IX - L'Etat

Le message universel du Raçoūl est sans ambiguïté. Il affirme être le dernier [157] annonciateur pour toute l'Humanité qui est la conséquence naturelle de son idée : l'*Unité du genre humain* qui consolide sa croyance parfaite[158]. Puis, son objectif est le développement intégral des caractères humains, de parfaire chacune de ses facultés.

L'Islam est adapté à tous les aspects de l'existence humaine en continuel progrès !

Ce n'est pas l'homme qui s'adapte à l'Islam, mais c'est l'Islam qui s'adapte à l'homme !

En effet, chacune des étapes de l'activité de l'Homme survient dans la vie personnelle du Raçoūl. Orphelin à sa naissance, il est éduqué par un oncle ; adolescent, il effectue de durs labeurs pour subvenir à ses besoins. Plus tard, il s'adonne au commerce qui lui permet de voyager. Par le mariage, il a à sa charge une femme et des enfants. Jeune encore, il est le soutien audacieux pour la défense de la veuve, de l'orphelin, de l'infirme, de l'indigent et de l'opprimé. A la Révélation, il réforme avec attention l'immoralité triomphante.

---

[157] « CORAN, 5-3 ; 33-40 »
[158] « CORAN, 7-158 ; 21-107 »

Il est victime des tourments les plus terribles et subit les épreuves les plus douloureuses. En risquant sa vie, il s'exile afin de structurer en communauté unifiée un ramassis d'ethnies, de croyances diverses.

Le Raçoūl doit former ce groupuscule insignifiant et désarmé à se défendre contre des puissances ennemies imposantes unies pour l'anéantir et diriger personnellement ses adeptes sur les champs de bataille. Il persévère avec obstination à les rassembler à la mosquée pour qu'ils se courbent devant Allah.

Le Raçoūl a eu à déclarer la guerre et à conclure la paix. Il est en même temps soldat et général d'armée, législateur et magistrat. Ascète, il consacre ses nuits à la réflexion divine, à la Çalāt et laïc, il s'occupe la journée des affaires temporelles de sa communauté en essor. Enfin, il est reconnu chef de l'Etat qui devient l'empire le plus vaste de son époque moins de dix ans après sa mort !

Ainsi, non seulement le Raçoūl institue par une croyance, un mode de vie qui n'a cessé de se développer hors d'Arabie depuis son époque, mais il fond également un Etat unique au monde. L'Etat qu'il établit s'investit d'un potentiel matériel essentiel afin de satisfaire sa fonction de résistance à l'esprit belliqueux de ses ennemis.

Le Raçoūl offre un bienfait unique dans l'histoire de l'humanité : ici-bas, il spiritualise l'autorité matérielle souveraine. De la même manière que la croyance qu'il concrétise, l'esprit de son Etat est naturellement démocratique, soutenu d'abord par la crainte d'Allah et par la responsabilité envers Lui !

Ces deux concepts, l'*Etat démocratique* et l'*Etat spirituel* sont intrinsèquement liés dans son esprit.[159]. Un chapitre du Coran intitulé *Shoūwrā*[160] [« *Conseil, Consultation* »] s'inscrit en l'honneur du grand principe démocratique de la consultation qui se constitue en fondement du futur Etat musulman !

« *qui [ceux qui ont cru] répondent à l'appel de leur Seigneur, accomplissent la Çalāt, wā āmroūhoūm Shoūwrā [se consultent entre eux] à propos de leurs affaires, dépensent de ce que Nous leur attribuons,* » (Coran, 42-38)

Le Coran rappelle sans cesse les actes essentiels qui croissent la spiritualité de l'Homme : les devoirs envers Allah, la Çalāt et se vouer au « *service de l'Humanité* ». Le Coran[161] atteste que le Raçoūl s'applique vigoureusement à l'éducation spirituelle de ses adeptes pour leur préparation à assurer un jour les charges de l'Etat[162].

L'injonction du pardon à l'ennemi qui souhaitait anéantir la communauté musulmane, démontre suffisamment que le Raçoūl jetait à partir de ce moment les bases de l'Etat musulman. En effet, pardonner ne s'applique qu'envers un ennemi défait.

Alors que la communauté musulmane subit les tourments et les persécutions, ces règles admirables sont

---

[159] « CORAN, 42-38 »
[160] « CORAN, 42 »
[161] « CORAN, 42-39/43 »
[162] Les despotes incultes de type romain qui dirigent les affaires de ceux qui se prétendent « *musulmans* » ne reçoivent au préalable qu'une formation brute de type militaire.

recommandées aux musulmans pour le jour où ils ont la faculté de se venger sur l'ennemi vaincu. Par conséquent, le Raçoūl, dès le début, anticipe l'aspiration aux représailles en la faisant disparaître de leur cœur et il spiritualise l'autorité matérielle de l'Etat en la plaçant sous la dépendance d'une appréciation morale.

En constituant son Etat, le Raçoūl ne peut qu'accorder à certaines personnes une autorité sur d'autres en mettant en garde, toutefois, les élus que leurs obligations et la responsabilité de leurs actes réalisées dans l'exercice de leurs charges seront jugées par Allah avant quiconque !

Il leur enseigne clairement que le pouvoir de leurs fonctions les assigne à un degré de responsabilité envers Allah d'autant plus considérable qu'ils doivent l'exercer avec sincérité, honnêteté et équité au profit du peuple[163] !

Le Raçoūl a enjoint de ne jamais mettre le pouvoir en la possession de tout individu[164] qui le souhaite ou le réclame[165] !

Par cette éducation morale préalable au *fonctionnariat* les quelques successeurs du Raçoūl se sacrifient totalement pour le bien des peuples qu'ils administrent.

---

[163] Historiquement, le Raçoūl prône : « *Soyez doux envers le peuple, ne le menez pas avec dureté ; faites qu'il se réjouisse, ne l'incitez pas à l'hostilité* ».
[164] Malheureusement, l'autorité n'est confiée qu'à ceux qui la demandent et la désirent avec insistance. Ces « *politicards* », arrivistes et excellents démagogues, dépensent un temps et des sommes considérables [argent des contribuables], pour arriver à leur objectif : le *Pouvoir*.
[165] Historiquement, le Raçoūl profère : « *Par Dieu, nous ne confions pas l'autorité à ceux qui la réclament, ni à ceux qui la convoitent* ».

Les fondements de l'Etat musulman sont simultanément d'ordre spirituel et démocratique au sens véritable du terme. Tout composant de la société musulmane [citoyen ou khalife -calife-] possède les mêmes droits et devoirs au regard de la loi. Le Raçoūl lui-même n'aspire à aucun privilège, car dans cette institution politique qu'il crée et qu'il dirige, rien ne le différencie des citoyens. Il est souverain, mais ne se prélasse sur aucun trône et ne s'affuble d'aucune couronne sur la tête !

Il n'habite aucun palais et aucun garde du corps n'assure sa protection contre les incessantes agressions ennemies.

Le Raçoūl et sa famille logent dans une masure réduite en terre séchée sans porte qui enferme qu'un modeste mobilier. Beaucoup de nuits sont sans repas. Aucune prérogative n'est sollicitée par suite de sa fonction de monarque. Il est présent à toute activité !

Si jamais il existe une démocratie exempte de toute discrimination héréditaire, ethnique, socioprofessionnelle ou de sexe, c'est assurément l'Etat démocratique dont le Raçoūl a jeté les fondements !

Tout individu a la conviction dans cet Etat musulman, d'être à la fois citoyen et monarque et qu'il ne s'agit pas d'un concept hypothétique ou de boniments.

Le chef de l'Etat musulman a également le titre d'Imam [ou « celui dont le comportement est exemplaire »] car il représente un modèle de vertu !

La loi demeure souveraine et absolue et le khalife plus que tout autre doit s'y soumettre ainsi que ses administrés. La législation du *Coran* est la loi suprême qui ne pose aucun obstacle afin de légiférer d'après le progrès de la société, en parfaite harmonie cependant, avec l'esprit de la loi révélée. Toutefois, toute nouvelle règle nécessite préalablement une *conseil*. A toute affaire importante, le Raçoūl convoque naturellement une *assemblée*[166].

C'est au nom de ces injonctions explicites de ne prendre aucune décision législative ou relative à des éléments essentiels qu'en conseil, que les successeurs immédiats du Raçoūl sollicitent l'assistance d'une assemblée. En effet, au commencement de l'histoire de l'Islam, d'importants *Imams*, par exemple Abou-Hanifa [699-767] le fondateur du *Droit* ou *Fiqh*, applique volontiers à la loi, le raisonnement analogique ou *Ijtīhād* [effort intellectuel, recherche scientifique, critique textuel, etc.] qui est admis comme une des sources de la législation islamique avec le *Coran* [et accessoirement la *Sunna* du Raçoūl].

Ainsi, trois bases importantes à toute démocratie sont instituées en personne par le Raçoūl, notamment l'autorité suprême de la loi et la délibération avant de légiférer ou de statuer sur des questions indispensables ; le peuple doit procéder à l'élection du chef de l'Etat !

Cet élément inconnu auparavant est un des legs du Raçoūl au service de l'Humanité. L'habilité à gouverner

---

[166] « CORAN, 42-38 »

est le seul critère pris en considération : même un Noir peut être nommé à exercer le pouvoir sur les Arabes !

Le droit du peuple à élire son chef est conditionné au devoir également de le destituer si nécessaire. Le Raçoūl requiert de la part des citoyens assez de courage moral pour dénoncer l'injustice du souverain[167] *!*

Le chef de l'Etat n'a aucun droit sur le trésor public qui lui fournit uniquement un traitement fixe comme tout fonctionnaire public. Le responsable de l'Etat ne bénéficie d'aucune prérogative particulière et il peut être déféré comme tout citoyen musulman. Le Raçoūl ne dispose d'aucun secrétaire ou portier et il intime aux gouverneurs d'être au service de leurs administrés à tout moment de la journée[168]. Afin de faire face aux dépenses de la guerre, le Raçoūl n'a levé aucun impôt, mais il a laissé aux citoyens la liberté de souscrire volontairement s'ils considèrent la *cause juste*[169].

L'unique élément imposable est la Zakāt, perçue chaque année à un taux de 2,5% sur les épargnes de l'année écoulée et qui est employée essentiellement au secours des indigents et des travailleurs en difficulté. Le peuple ne doit être imposé qu'*avec son consentement* et en *fonction de ses possibilités*. Il revient obligatoirement à l'Etat

---

[167] Historiquement, le Raçoūl déclare : « *Tels que vous [peuple] êtes, tels que vous serez gouverné* ».

[168] Les textes historiques révèlent qu'Omar ibn al-Khattab ordonna aux gouverneurs de donner l'exemple par un train de vie fort simple et de ne pas employer de portier qui empêcherait les citoyens de les approcher.

[169] Le Raçoūl soutint une guerre de sept ans à partir des souscriptions volontaires.

en plus de subvenir aux besoins des familles n'ayant plus de soutien, de rembourser également en totalité les dettes d'un défunt quand elles ne peuvent être payées par un autre moyen. Les droits des citoyens non musulmans exigent autant d'estime que ceux des musulmans.

Charge de confiance, toute fonction d'autorité est attribuée à un individu qui en est le plus apte [capacités intellectuelles, connaissances, haute moralité, ouverture d'esprit, etc.]. La justice est l'élément fondamental de l'Etat fondé par le Raçoūl qui institue son exercice avec un esprit impartial qu'il s'agisse d'ami ou d'ennemi[170] !

« *Yā āyoūhā alāthīnā āmānoūw [Ô vous qui croyez à Allah, à l'Islam] ! Observez strictement la justice et soyez des témoins [véridiques] comme Allah l'ordonne, fût-ce contre vous mêmes, contre votre père et votre mère ou vos proches parents. Qu'il s'agisse d'un riche ou d'un besogneux, Allah a priorité sur eux deux [et Il est plus connaisseur de leur intérêt que vous]. Ne suivez donc pas les passions [de vos cœurs], afin de ne pas dévier de la justice. Si vous portez un faux témoignage ou si vous le refusez, [sachez que] Allah est Parfaitement Connaisseur de ce que vous faites* » *(Coran, 4-135)*

Le Raçoūl parvient à la direction de l'Etat après son exil de Médine et est bientôt contraint pour la défense de sa petite communauté à recourir à la *guerre*[171]. C'est

---

[170] « CORAN, 4-58 ; 5-8 »
[171] Les Quraychites attaquèrent trois fois Médine [an 2, 3 et 5 de l'Hégire].

uniquement à la contrainte du conflit armé qu'il lui est permis de riposter[172].

« Combattez dans la voie d'Allah ceux qui vous combattent, et ne transgressez pas. Certes, Allah n'aime pas les transgresseurs ! » (Coran, 2-190)

Même suite à cette autorisation, il lui est ordonné que sa lutte doive être uniquement défensive. Le Raçoūl est acculé à la guerre car par son caractère, il l'exècre[173] ; c'est pourquoi, il s'implique fortement à en éliminer l'horreur. Là où de tout temps et dans toutes les sociétés la guerre est l'expression du désordre, de la haine et des massacres sans distinction d'âge ou de sexe.

Le Raçoūl est le premier dans l'Histoire à ordonner rigoureusement sous forme de lois, les règles de la guerre[174] ; innovant ainsi la première charte des droits de l'Homme et conventions internationales[175], protégeant les civils, les blessés, ainsi que l'interdiction du pillage et des destructions des biens, de la faune et de la flore[176] !

---

[172] « CORAN, 22-39 »

[173] Tout individu qui voue un culte à la guerre ou qui la réclame est une *machine* au sens propre du terme.

[174] « CORAN, 9-122 »

[175] Le Raçoūl est l'auteur des premières conventions internationales qui constituent de nos jours l'une des principales sources du droit international et l'un des progrès majeurs de la civilisation humaine. L'accord entre deux ou plusieurs Etats est un des moyens les plus importants de la coopération internationale. Les conventions internationales sont obligatoires pour les Etats qui les ont conclus. Les Etats partis et leurs organes internes sont tenus de les respecter et de les faire respecter par les citoyens.

[176] L'Histoire démontre malheureusement que cet état d'esprit est rare, voire inexistant.

La guerre étant l'épreuve de force entre deux adversaires militaires[177], tous les individus ne prenant pas part à la bataille, ainsi que les employés au service des armées bénéficient de l'immunité[178]. Si le conflit armé est inévitable pour la petite communauté musulmane en péril, l'effusion de sang est toutefois limitée au maximum[179].

Le Raçoūl éprouve une telle aversion pour les tueries qu'il encourage la paix lorsque l'ennemi le souhaite[180]. L'objectif de la guerre est le sauvetage des persécutés et non la destruction des oppresseurs car il existe d'autres procédés pour les rendre inoffensifs.

Le Raçoūl a la conviction que généralement un accord de paix bienveillant est une garantie efficace contre la belligérance d'un Etat que son anéantissement.

Tout déploiement de force pour massacrer un peuple ne fait qu'attiser sa haine et ses représailles alors qu'une paix généreuse, au contraire, peut modifier intimement son esprit !

Historiquement le Raçoūl annonce : « *En vous vengeant des exactions qu'on vous inflige, ne touchez pas aux membres inoffensifs des maisons ; épargnez la faiblesse du sexe féminin, ne faites pas de mal à l'enfant ni au malade alité. Abstenez-vous de démolir les demeures des populations qui ne résistent pas, ne détruisez pas leurs moyens de subsistance, ni leurs arbres fruitiers...* ».
[177] Des sociétés dites championnes de la « *civilisation* » et de la « *démocratie* » exterminent des populations civiles [hommes, femmes, enfants, malades, etc.], détruisent leurs biens de subsistance ainsi que leurs foyers par des missiles. Et cela, au nom de mystérieux intérêts !
[178] « CORAN, 47-4 »
[179] « CORAN, 4-75/76 ; 47-7 »
[180] « CORAN, 8-39 »

X - La Démocratie

Il y a lieu de considérer toute entreprise de démocratisation et surtout son origine comme une entreprise d'éducation à l'échelle d'une population entière et sur un plan général psychologique, moral, social et politique.

La démocratie n'est donc pas selon la définition étymologique du mot, une simple transmission du pouvoir aux masses, à un peuple proclamé « souverain » en vertu d'un texte constitutionnel. Tout cela est totalement faux. Le pouvoir appartient exclusivement à quelques « familles » qui détiennent la Finance [Financrates, Ecobourgeois[181]] !

D'ailleurs le texte lui-même peut faire défaut ou presque dans un pays ou être aboli par un *despote* s'emparant du pouvoir sans que pour cela, la *démocratie* perde son fondement dans les sentiments, dans les usages, dans les conventions qui assurent sa pérennité dans le pays. En *Angleterre*[182], ce n'est pas un texte constitutionnel [texte

---

[181] *Ecobourgeoisie*. Néologisme qui provient des mots « *économie* » et « *bourgeoisie* ». Un *écobourgeois* est un individu appartenant au groupe social [*Ecobourgeoisie*] qui détient les moyens de production économique [l'*Economie*].

[182] Les premiers pas vers la « *démocratie moderne* » furent accomplis au cours du soulèvement populaire contre la monarchie absolue anglaise, qui opposa, dans une guerre civile, de 1642 à 1644, les bourgeois puritains parlementaristes, ou « *têtes rondes* », à l'ordre anglican traditionnel.

relativement inexistant] qui garantit les droits et les libertés du peuple anglais, mais la longue *tradition démocratique* britannique : c'est à dire en fin d'analyse l'esprit britannique lui-même !

La « *démocratisation*[183] » n'est pas simplement de léguer des pouvoirs entre deux groupes distincts, le souverain et le peuple. Il s'agit de l'élaboration de sentiments, de réflexes, de critères qui établissent les fondements d'une démocratie dans la conscience d'un peuple et dans ses traditions.

La conséquence d'une entreprise de démocratisation forme une constitution démocratique qui ne trouve son expression authentique que dans la mesure où l'action de démocratisation l'a précédée !

L'existence d'une tradition démocratique musulmane doit être recherchée non dans la rédaction d'un texte constitutionnel, mais plutôt dans l'esprit de l'Islam. Celui-ci offre d'emblée à l'Homme une importance transcendant toute valeur politique et sociale !

---

[183] La *démocratie* que certains pays veulent exporter est un système politique dans lequel la souveraineté appartient *théoriquement* à l'ensemble des citoyens. Dans un tel système, le mécontentement d'un peuple se proclame par des manifestations et des luttes et ainsi, le peuple gouverne directement [*démocratie directe*] ou par l'intermédiaire du gouvernement qu'il a choisi d'établir [*démocratie représentative*]. Depuis l'échec des régimes communistes, à la fin des années 1980, et la bénédiction d'une dérive dictatoriale dans la majeure partie des pays sous-développés [ou du Tiers-Monde], la *démocratie libérale* telle qu'elle existe dans les pays occidentaux se prétend de plus en plus aujourd'hui comme le seul modèle possible.

Allah[184] lui-même accorde à l'Homme dans le Coran cette valeur qui marque l'honneur et le témoignage d'estime qui constitue le préambule d'une *constitution musulmane*. Cette dernière lui procure un caractère exclusif inconnu de tous les autres types démocratiques.

La manifestation de Dieu en l'Homme caractérise la conception démocratique musulmane qui se distingue de celle qui voit en l'homme la présence de l'Humanité et de la société.

Le Raçoūl Moūhammad instaure lentement la démocratie dans son sens le plus affiné par l'office des cinq prières à la mosquée où toutes les souches de la population se retrouvent et célèbrent dans un même élan le même culte avec les mêmes droits et les mêmes obligations[185] !

A juste titre et d'un point de vue absolu, *la Mosquée est l'école de la démocratie*. « *Allah Akbār* » [« *Allah est Le plus Grand* »] est l'attestation pour les hommes et les femmes de toute condition sociale [nanti, indigent, infirme, étranger, etc.] qui ne doivent crainte, soumission et adoration à aucun humain, à aucun animal, à aucune plante ni à aucun élément mais à Allah seul ! Dès lors, un modèle démocratique sacral s'affirme sur un autre laïque qui diffère non seulement étymologiquement mais également dans son essence au plan émotionnel.

La valeur honorifique accordée par Dieu à l'être humain va permettre à ce dernier de considérer comme

---

[184] « CORAN, 2-28/34, 164 ; 7-140 ; 16-12 ; 31-29 ; 45-13 »
[185] « CORAN, 3-103/105 »

capitale celle de ses semblables en dissolvant tous ses sentiments néfastes. De plus, deux garde-fous l'empêchent de tomber dans la *déchéance de l'esclavage* ou dans celle du *despotisme*. Des versets[186] expriment les deux garde-fous et lui signalent les deux abîmes.

« Yā āyoūhā alāthīnā āmānoūw [Ô vous qui croyez à Allah, à l'Islam] ! Craignez Allah [en pratiquant autant que possible ce qu'Il a ordonné de faire et en vous abstenant absolument de tout ce qu'Il a interdit] comme Il doit être craint [c'est-à-dire Lui obéir, Lui être reconnaissants]. Et ne mourez qu'en pleine soumission [en musulmans totalement soumis à Allah]. (Coran, 3-102)

Ainsi, la considération sacrale que Dieu a mis dans la nature humaine et les enseignements qu'Il lui a inculqués pour lui éviter de déchoir dans l'ornière du despote ou dans celle de l'esclavage, le musulman est prémuni contre les dangers antidémocratiques qui sommeillent en lui.

Le sentiment de cette responsabilité honorifique qu'il possède en général en sa qualité d'homme est particulièrement renforcé en sa qualité de croyant manifestant une supériorité morale, une noblesse spirituelle et non pas un scintillement temporel.

La révélation et la conscience de l'importance de l'homme signifient une démocratie fondée sur cette nouvelle évaluation de l'individu et des autres. Les sentiments méprisables susceptibles d'avilir l'individu font

---

[186] « CORAN , 2-195, 213 ; 3-133, 147 ; 4-58 ; 5-42 ; 10-19 ; 12-87 ; 16-41 ; 42-39/43 ; 45-19 »

place aux germes déposés dans sa nature en tant que croyant.

L'homme réfractaire aux prédispositions antidémocratiques caractérise la démocratie musulmane qui concède naturellement des droits politiques et des garanties sociales !

La démocratie laïque, quant à elle, accorde à l'individu en premier lieu ces avantages [droits et garanties], mais ne l'épargnant pas d'être victime de coalitions des groupes d'intérêts ; des multinationales, des cartels, des trusts ou bien d'une dictature de classe [*Financratie, Ecobourgeoisie*]. Elle n'efface pas de la société le principe malsain qui génère l'esclavage, la bassesse ou le despotisme.

Définir la démocratie en Islam d'après sa signification étymologique en la considérant comme une simple « *passation* » du pouvoir au peuple, d'après les stipulations d'une constitution, est malaisée, voire mensongère.

Il est indéniable que dans une entreprise de démocratisation, adopter une constitution prête à l'usage, c'est toute l'infrastructure psychologique qu'il faut également emprunter.

Dès lors, certains pays « riches » en expérience « démocratique » s'imaginent que la démocratie est un élément de leur invention et se voient liés par le « devoir » de l'exporter comme un produit manufacturé ou agricole à des pays qui demeurent en réalité soumis [par ces mêmes exportateurs de démocratie] au colonialisme permanent, un système d'esclavage !

La légitimité d'une démocratie où l'Islam est un processus de démocratisation est attestée par plusieurs faits historiques marquants. Beaucoup d'événements pathétiques illustrent la transformation d'une société préislamique primitive et tyrannique en une société démocratique.

La démocratie assure-t-elle aux individus les droits politiques et les garanties sociales ? La démocratie est un système politique et social à la fois. Le décret qui fournit à l'individu un bulletin de vote et ne se préoccupe pas de sa condition sociale ne peut prétendre être un ordre démocratique !

L'analyse de l'entreprise démocratique en Islam est significative non pas à la période où la société musulmane se fossilise vers le XIVe siècle [avènement du Traditionnisme -Uléma, Mufti-, du despotisme turc - ottoman-] mais à l'époque où cette tradition musulmane s'est constituée pendant la vie du Raçoūl et sous certains khalifes.

Ce constat démontre que l'entreprise de démocratisation mise en marche par l'Islam a subsisté environ une quarantaine d'années où l'infrastructure psychologique, fondement subjectif de la démocratie musulmane, s'est affirmée.

L'aspect capital qui signale l'évaluation de l'homme concerne la condition de l'esclave. Les prescriptions du Coran[187] et les préceptes du Raçoūl relatés dans les textes

---

[187] « CORAN, 4-36 ; 24-33 ; 9-60 ; 33-5 ; 90-10/13 »

historiques constituent une législation d'abolition progressive de l'esclavage qui demeura longtemps pour les sociétés non musulmanes un élément dénué de sens[188].

« C'est délier un joug [affranchir un esclave] » (Coran, 90-13)

Le principe de démocratisation est rappelé avec un ton solennel par le Raçoūl au Pèlerinage [*Dhūl-Hidjādj*] lors de son *Discours d'Adieu* au mont Arafat dans un discours émouvant qui est à la fois son testament spirituel et une *déclaration des droits de l'Homme.*

Le discours testamentaire du Raçoūl déclare le principe humain comme élément fondamental de l'entreprise de démocratisation musulmane qui doit inévitablement avoir des résultats concrets. C'est à dire dans l'ordre temporel d'une part en ce qui concerne les actes de l'individu dans ses droits et ses garanties ; d'autre part, dans la constitution du pouvoir, ses actions, ses prérogatives et ses restrictions, donc dans tous les caractères d'une démocratie.

Beaucoup de versets[189] énoncent les charges liées au pouvoir, les principes qui fondent son fonctionnement et les conditions de l'obéissance des gouvernés. Ces directives

---

[188] En 1792, le Danemark fut le premier pays européen à abolir la traite des Noirs, suivi par la Grande-Bretagne en 1807 et par les Etats-Unis en 1808. La France fut forcée d'octroyer la liberté aux esclaves en 1848 et la Hollande en 1863. En Russie l'esclavage ne fut aboli qu'en 1861et au Brésil en 1888.
[189] « CORAN, 4-59 ; 42-38/43 ; 46-13 ; 47-33 »

encouragent les citoyens à faire preuve de leur sens des responsabilités en matière d'élections.

La considération accordée par Dieu[190] au musulman est évaluée dans la justice que ce dernier manifeste envers tout homme qu'elle que soit son ethnie, sa confession ou son rang social dont les conséquences visibles s'affirment bien à l'époque de démocratisation.

Une importante documentation historique composée de circulaires organiques concernant des instructions exécutives est transmise par le second khalife [calife] lorsqu'il confie une charge à l'un de ses membres de l'Etat ou à un représentant de la Justice[191].

L'entreprise de démocratisation constituée par ces traits dénote en fait les caractères principaux de ce qu'on nomme une « *démocratie politique* » qui est un système qui assure à l'individu les garanties indispensables contre tout abus de pouvoir.

L'Islam représente un tel système surtout dans la manière d'attribuer le pouvoir étant donné que le chef de l'Etat reçoit l'investiture du peuple qui est délégué par un

---

[190] « CORAN , 4-58, 124, 135 ; 5-8, 119 ; 6-152 ; 7-165 ; 11-112/113 ; 16-90 ; 17-81 ; 21-18 ; 25-63/75 ; 41-30/31 ; 42-15 ; 46-13 ; 49-7, 9 ; 72-16 »

[191] Les textes historiques révèlent qu'une circulaire fut confiée par exemple au magistrat Moussa Al-Achari qui fut Premier *Cadi* l'équivalent de Procureur Général de la République : « *Tu dois établir entre les justiciables, l'égalité en ta présence, dans l'audience et dans le jugement de manière qu'un puissant n'espère pas te circonvenir et qu'un faible ne puisse désespérer de ton équité* ».

Conseil, un *Sénat limité* qui choisit le khalife conformément au précepte de la *Shoûwrâ* [« *consultation* », *Conseil*].

Le Coran[192] recommande explicitement au Raçoûl lui-même de consulter ses Compagnons et rend hommage dans une sourate intitulée la *Shoûwrâ* ou *Conseil*, le grand principe démocratique qu'innove ainsi l'Islam.

Ainsi, par son origine et par son action, le pouvoir musulman est démocratique. L'Islam détient par conséquent tous les caractères d'une démocratie politique qui octroie à l'individu une responsabilité dans la composition du pouvoir et toutes les garanties à l'encontre de son exercice abusif !

Depuis la révolution française, l'expérience de la démocratie politique qui se développe dans le monde atteste que les libertés de l'individu sont fragiles lorsqu'il ne jouit pas simultanément de garanties sociales qui certifient son indépendance matérielle !

Il est indéniable que le « libre citoyen » dans les pays politiquement évolués demeure en réalité l'esclave anonyme de puissants groupes d'intérêts. De ce fait, tous les avantages que lui offre théoriquement une Déclaration des droits de l'homme et la Constitution n'ont aucune conséquence apparente dans sa vie[193] *!*

---

[192] « CORAN, 42. 15, 16, 38 »
[193] Les droits et garanties dans les *démocraties modernes* sont des caractéristiques inscrites dans des documents historiques comme la *Déclaration d'Indépendance américaine*, la *Déclaration des droits de l'Homme et du citoyen* en France ou les *constitutions nationales*.

L'histoire continue à nous démontrer que les pays souffrant de ce déséquilibre politique et social engendrent la lutte des classes. Celle-ci peut conduire à l'instauration d'un système démocratique qui permet au « *citoyen* » des garanties sociales essentielles mais au détriment de ses *libertés politiques*[194].

Connaissant très bien la nature humaine, l'Islam évite ce danger en résolvant les problèmes liés à la vie matérielle de l'individu tout en lui accordant les libertés politiques. En conséquence, l'Islam caractérise une synthèse de la démocratie politique et de la démocratie sociale !

La mise en œuvre de la démocratisation économique s'établit sur certains principes généraux dont leurs conséquences sont la distribution des richesses et de faire obstacle à leur accumulation par une minorité !

La notification de la Zakāt est le fondement d'une législation sociale harmonieuse. La nécessité de ce principe est édictée par le Coran[195] *et le Raçoūl !*

« *Yā āyoūhā alāthīnā āmānoūw* [*Ô vous qui croyez à Allah, à l'Islam*] *! Beaucoup de rabbins et de moines dévorent les biens des gens illégalement et* [*leur*] *obstruent le sentier d'Allah. A ceux qui thésaurisent l'or et l'argent* [*qui ne prélèvent pas leur Zakāt*] *et ne les dépensent pas dans le sentier*

---

[194] Dans une *République*, les gouvernants sont théoriquement censés agir selon ce qu'ils considèrent au nom de l'Etat être les besoins et intérêts du pays ou de la nation. Les élus d'une démocratie ne reflètent aucunement les aspirations de leurs électeurs, mais celles des groupes d'intérêt qui les ont mis en place [Financrates, Ecobourgeois].

[195] « CORAN, 2-267 ; 9-11, 34, 103 ; 6-141 ; 9-60 ; 67-20 »

d'Allah [*altruisme*] annonce un châtiment douloureux, » (*Coran, 9-34*)

Les *obligations* envers le peuple marquent la *haute conscience morale*[196] des premiers chefs d'Etat musulman qui exhortent le peuple lui-même à prendre conscience de ses droits.

Un autre principe fondamental qui régit la vie économique musulmane est l'interdiction de l'*intérêt* décrétée sans équivoque par le Coran[197] qui a déterminé tous les éléments de l'organisation économique musulmane. Le caractère démocratique s'imprime d'emblée en s'érigeant comme obstacle à la constitution de toute banque usurière.

L'argent ne s'impose pas comme une autorité puissante régnant dans ses palais blindés. Les banques qui lui assurent une considérable prospérité dans les pays où l'intérêt est de coutume.

Il faut souligner qu'actuellement la presque quasi-totalité des banques érigées dans les pays dits « *musulmans* » ne sont créés que sur une base usuraire. L'intérêt crée le monopole commercial, le cartel et le trust industriel par l'intermédiaire des banques qui concentrent

---

[196] Les textes historiques indiquent que le second khalife [Omar ibn al-Khattab] en entendant les pleurs d'un nourrisson savait que la cause de ces cris est un sevrage prématuré dont la mère effectue afin de percevoir une allocation que l'Etat n'accorde aux enfants qu'à partir du sevrage. Il décrète alors une ordonnance à l'intention des mamans : « *Ne vous hâtez pas de sevrer vos bébés, une allocation leur est attribuée à leur naissance* ».
[197] « CORAN, 2-275/280 ; 3-130 »

le capital, donc le pouvoir de l'argent à une échelle planétaire[198].

L'interdiction de l'intérêt a décapité par un enchaînement de cascades d'effets l'influence néfaste de l'argent. Celle-ci a gangrené la vie nationale des pays évolués, à un tel degré que pour la combattre, le remède unique se trouve dans une révolution mentale et sociale.

La législation de l'Islam a non seulement limité son pouvoir dans la société musulmane [Islam naissant], mais également son « *esprit malfaisant* ». Elle n'a pas combattu uniquement la grande spéculation qui gère la rareté des produits pour élever le prix, mais lutte contre toute forme de spéculation[199] qui est en mesure d'accroître de manière générale le cours de la vie. Toute forme d'intermédiaire entre le producteur et le consommateur dissimule un caractère spéculatif dont ce dernier est la *victime*[200]. L'aspect social de la démocratie musulmane caractérise ces

---

[198] Le FMI [*Fond Monétaire International*] organisme banquier mafieux prête à un taux usurier faramineux de l'argent à des Etats dictatoriaux qui dilapident et replacent cet argent chez les créanciers. Les tyrans de ces Etats affament leur population afin de rembourser uniquement le taux d'intérêt [usure]. Ainsi, toute leur existence, la majeure partie des pays emprunteurs ne rembourse que l'intérêt qui augmente de manière exponentielle. En conséquence, incapables de rembourser, ces pays appartiennent au FMI qui les contrôle par tyran interposé. La politique du FMI est le maintien de ces pays dans le sous-développement qui est la forme moderne de l'esclavage [dépendance alimentaire, technologique, misère, absence sanitaire, guerre civil, coup d'Etat, etc.]. Toutes les monarchies moyenâgeuses et dégénérées du Golfe sont membres de ce *club FMI* !
[199] « CORAN, 4-29 »
[200] « CORAN, 38-24 »

éléments de législation qui apparaissent comme résultat apparent dans l'ordre temporel propre à la société musulmane dont ils contribuent à son développement matériel. Conformément au double objectif, celui d'empêcher l'homme de tomber dans la condition de l'esclavage économique ou d'accéder au trône du despotisme à spectre d'argent.

Ainsi, les principes où se fond la démocratie en Islam se concrétisent effectivement dans les actes sociaux[201] comme ceux du pouvoir ; ainsi que dans le comportement des individus, du moins durant toute la période de démocratisation dont on a indiqué ci-dessus les limites chronologiques dans l'histoire musulmane qui fait de l'Homme précisément le contenu essentiel de l'esprit démocratique !

Afin d'appréhender la substance de cet événement extraordinaire, son action doit être située non pas dans le moment de l'élaboration de l'acte du pouvoir mais dans la conscience de l'homme. Ce dernier transporte en lui l'intensité émotionnelle et sentimentale se traduisant en un acte du pouvoir. Ainsi, la conséquence visible d'un *ordre moral* intérieur s'imprime dans l'*ordre temporel* sous forme d'une ordonnance. Il s'agit, en fait, du déroulement de la compassion à l'égard de soi et des autres dont le principe est placé sous forme d'une nouvelle évaluation de l'homme dans la conscience musulmane[202].

---

[201] Historiquement, lorsque le khalife publie l'ordonnance relative au sevrage, il examine sa conscience. Cet instant réflexif le bouleverse : « *Malheur à toi ô Omar ! Combien d'enfants tu as laissé périr ?* »

[202] Le khalife ne perçoit pas uniquement le nourrisson encore allaité comme le futur homme et le futur « *citoyen* ». Il considère cet enfant

La période de démocratisation musulmane s'interrompt à la bataille de *Siffin* en 657 où s'affrontent les partisans de Ali ibn abi Talib et de Mouawiya fracturant ainsi l'entreprise totale de démocratisation qui n'a heureusement pas fait disparaître ses conséquences dans l'œuvre temporelle innovée par l'Islam.

Ses résultats se manifestent pour un temps dans le comportement de l'individu et quelquefois dans les actes du pouvoir jusqu'à l'avènement de la *Tradition* [*Hadithisme ritualisant*] et de son institutionnalisation qui prit le pas sur le Coran.

A juste titre, le règne de Mouawiya, fondateur de la dynastie des Omeyades témoigne de la régression de l'esprit démocratique où le despote s'affirmait déjà dans l'homme du moment qui incarne le pouvoir ; l'esclave ne réapparaît pas encore dans l'individu dès lors qu'il reflète seulement l'esprit musulman.

La censure de la conscience musulmane s'exerce longtemps encore sur les actes du pouvoir dont certaines grandes dynasties telles que les Abbassides, les *Almoravides*[203] ou bien les *Almohades*[204] en Afrique du

---

comme l'attestation de l'Humanité et de la société, valeur incommensurable dont Dieu l'a honoré avant sa naissance quand il a élevé l'Homme.

[203] La dynastie des *Almoravides* est la dynastie berbère musulmane qui régna sur l'Afrique du Nord et l'Espagne aux XIe et XIIe siècles. Vers 1048, A. Ibn-Yasin fonda à la demande du chef des Sanhadja, un château fortifié ou *Ribat* où des volontaires partageant leur temps entre les exercices de piété [« *sunnisme de rite malékite* »] et les opérations militaires.

Nord, sont les conséquences de la protestation contre le despotisme.

Cette protestation est la manifestation ultime d'un esprit démocratique musulman qui dure encore pendant quelques siècles jusqu'à une nouvelle rupture. Celle-ci coïncide exactement avec le déclin de la *Civilisation de l'Islam Classique* [XIVe siècle] lorsque les résultats visibles de l'évaluation initiale de l'homme, après leur anéantissement en ce qui concerne les actes du pouvoir temporel, disparaissent aussi du comportement moral de l'individu.

La chrétienté [aidée des talmudistes] toujours à l'affût s'engouffre par cette brèche et établit le colonialisme depuis le XIVe siècle[205], des tyrans incultes de type

---

Ils sont nommés *al-Moūrābitoūwn* [« *ceux de ribat* » ou *Almoravides*] et entreprennent la conquête du royaume du Ghana et du Maroc en 1076.

[204] La dynastie des Almohades ou *al-Moūwāhīd* [« celui qui proclame l'unité divine »] est une dynastie berbère musulmane originaire d'un mouvement de réformes religieuses qui règne sur tout le Maghreb et l'Espagne musulmane aux XIIe et XIIIe siècles, fondée par M. Ibn-Tumart, un réformateur berbère qui prêche le « *retour aux sources* » de l'Islam opposé au rite *malékite* pratiqué par les Almoravides. Formé en Orient, influencé par le schisme, il reprochait aux Almoravides et aux spécialistes malékites des sciences religieuses l'abandon des études coraniques pour un juridisme excessif et dénonçait leur conception anthropomorphe de Dieu, contraire au principe fondamental de l'unité du Dieu ou *Tawhid* [« Unité divine »]. Réfugié dans les montagnes du Haut Atlas, il organisa autour d'un Islam austère et rigide une communauté militaro-religieuse et en 1121, il se proclama *Mahdi* [« *celui qui est guidé par Dieu* », l'*Imam* caché dont la venue est attendue par les chiites].

[205] L'Histoire révèle : « *Dieu ne retirera pas la science en l'enlevant directement aux hommes, mais Il la fera disparaître en faisant périr les savants*

romain, les Turcs [ottomans], aux antipodes des principes islamiques *occupent* systématiquement les territoires des « *musulmans* » avec la bénédiction indolente de ces derniers.

L'esprit démocratique s'estompe dans le monde musulman lorsqu'il a perdu son fondement dans la psychologie de l'individu, dès lors que celui-ci égare de manière définitive le sentiment de sa propre valeur et de la valeur des autres. La Civilisation de l'Islam Classique ou Civilisation perso-berbéro-andalouse a cessé d'exister dès cet instant où elle n'a plus eu à sa base la valeur de l'Homme et son corollaire « Être au service de l'Humanité » !

---

jusqu'à ce qu'il n'en reste plus aucun. Alors, les hommes prendront pour chefs des ignorants et quand ils les consulteront, ils répondront avec ignorance, s'égarant eux-mêmes ainsi et égarant les autres ».

XI - La dignité de la condition humaine ou principe de la conception réelle de l'Univers

La pensée universelle doit au Raçoūl une notion unique, celle de la condition humaine. Aucune connaissance réelle de l'Univers, ni aucun progrès de la société humaine, ne peut être conçus sans le concept de la dignité de la condition humaine dont l'unicité d'Allah en est l'essence !

Corollaire naturel du concept de l'unicité d'Allah, le Raçoūl assure que l'Homme est la plus noble créature d'Allah et qu'il s'avilit en vouant un culte ou un hommage à des objets qu'il surpasse en réalité.

Voilà le principe qui régit les rapports de l'Homme et de l'Univers qui l'entoure : dans la hiérarchie de la création, il est au stade supérieur. Il est crée pour être au-dessus de toute chose, même de certains Malāyka qui sont obligés de lui rendre hommage[206].

« *Et [rappelle] lorsque Nous dîmes aux Malāyka : « Prosternez-vous devant Hādām ! », ils se prosternèrent, à l'exception de Iblīs [Jinn] qui refusa, s'enfla d'orgueil et fut parmi les infidèles [désobéissants à Allah]* » *(Coran, 2-34)*

---

[206] « CORAN, 2-34 »

Dès lors, l'Homme se dégrade infiniment en façonnant des idoles et en leur vouant un culte comme si elles étaient divines ou capables de gouverner ou d'influencer son existence[207]. Le Raçoūl ne permet aucune forme d'idolâtrie.

Associer une quelconque notion au concept d'Allah signifie la déchéance pour l'Homme de sa condition supérieure que lui consacre sa *nature*[208]. Le Raçoūl ne conçoit même pas que des personnages, aussi vertueux soient-ils, fussent choisis Maîtres ou Seigneurs à l'instar d'autres peuples[209].

« *[Soyez] exclusivement Hoūnāfā [monothéistes acquis à la religion d'Allah], ne Lui associez rien ; car quiconque associe à Allah, c'est comme s'il tombait du haut du ciel et que les oiseaux le happaient ou que le vent le précipitait dans un abîme très profond* » *(Coran, 22-31)*

L'Homme se destitue de son titre et se déshonore également en adorant les animaux, le soleil, la lune, les étoiles, les éléments qui ont été crées afin d'être à son service[210] *avec la mission de les assujettir et de les gouverner*[211] *!*

« *C'est Lui qui, du ciel, a fait descendre de l'eau qui vous sert de boisson et grâce à la quelle poussent des plantes dont vous nourrissez vos troupeaux* » *(Coran, 16-10)*

---

[207] « CORAN, 19-42 ; 37-95/96 »
[208] « CORAN, 22-30/31 »
[209] « CORAN, 9-31 »
[210] NAS E. BOUTAMMINA, « Les contes des mille et un mythes - Volume II », Edit. BoD, Paris [France], novembre 2011.
[211] « CORAN, 2-164 ; 16-12 ; 31-29 ; 45-13 »

« D'elle, Il fait pousser pour vous, les cultures, les oliviers, les palmiers, les vignes et aussi toutes sortes de fruits. Voilà bien là une preuve pour des gens qui réfléchissent » (Coran, 16-11)

« Pour vous, Il a assujetti la nuit et le jour; le soleil et la lune. Et à Son ordre sont assujetties les étoiles. Voilà bien là des preuves pour des gens qui raisonnent » (Coran, 16-12)

« Ce qu'Il a créé pour vous sur la terre a des couleurs diverses [et différentes qualités parmi les végétaux, les fruits, les animaux]. Voilà bien là une preuve pour des gens qui se rappellent » (Coran, 16-13)

« Et c'est Lui qui a assujetti la mer afin que vous en mangiez une chair fraîche [le poisson], et que vous en retiriez des parures que vous portez. Et tu vois les bateaux fendre la mer avec bruit, pour que vous partiez en quête de Sa grâce [à travers le transport des marchandises d'un lieu à un autre] et afin que vous soyez reconnaissants » (Coran, 16-14)

« Et Il a implanté des montagnes immobiles dans la terre afin qu'elle ne branle pas en vous emportant avec elle, de même que des rivières et des sentiers, pour que vous vous guidiez, » (Coran, 16-1)

« ainsi que des points de repère [grâce auxquels les gens se guident la journée]. Et au moyen des étoiles [grâce auxquelles ils] se guident [la nuit] » (Coran, 16-1-)

« Celui qui crée est-il semblable à celui qui ne crée rien ? Ne vous souvenez-vous pas ? » (Coran, 16-17)

Voilà le commandement d'Allah qui caractérise l'essence de la *Connaissance* et de la *recherche intellectuelle* [recherche scientifique] afin de découvrir, par Son aide que les athées et les matérialistes nomment *hasard* ou *probabilité*, les secrets de la nature pour le bien-être matériel, spirituel et social de l'Homme ? Cela à la condition *sine qua non* du respect des créatures et de l'écosystème.

D'après le Raçoūl, la situation de l'Homme dans l'Univers est celle d'un conquérant [*Khalifa*] qui est crée pour commander toutes les forces de la nature et pour gouverner la terre et non pas pour s'incliner devant elles[212].

Les révolutions intellectuelles, spirituelles et socioéconomiques assurent la naissance de la société musulmane et de la culture scientifique qui fond sa civilisation innovatrice et exclusive : la *Civilisation de l'Islam Classique* [*CIC*].

A juste titre, les sociétés antiques et contemporaines à l'Islam ne sont que les produits glaiseux de la poterie mythologique !

L'Homme a à sa disposition des facultés cognitives considérables afin de parvenir à la connaissance du monde, de toute réalité concrète ou abstraite[213] qui lui est prescrite.

Peuple d'*illettrés*[214] savoir lire et écrire chez les Arabes est une denrée à un tel point rare pour ne pas dire

---

[212] « CORAN, 2-30 »
[213] « CORAN, 2-31 »
[214] « CORAN, 3-19 ; 62-2 »

inexistante. Les *Hādoūw* et les *Nāçāra* qui détiennent l'écriture nomment[215] les Arabes d'illettrés[216]. Le Raçoūl est lui-même analphabète[217].

« *Ceux qui suivent le Raçoūl, le Nābi illettré [Moūhammad] qu'ils trouvent écrit [mentionné] chez eux dans al-Tawrāt et al-Njīy!. ...* » (Coran, 7-157)

Néanmoins, le premier message spécifiant à ce « *Raçoūl sans savoir* » *qui surgit parmi un peuple illettré[218] est de lire, d'écrire et de rechercher la Connaissance. Lisez et écrivez ! Tel est son premier message. A ces deux procédés d'acquérir le savoir, il ajoute la faculté d'observation[219] dont l'être humain est doté[220] !*

« *Lis ! Ton Seigneur est le Très Noble,* » (Coran, 96-3)

« *qui a enseigné par le Kālāme* [« *Calame* » -la plume pour écrire-]*,* » (Coran, 96-4)

« *a enseigné à l'homme ce qu'il ne savait pas* » (Coran, 98-5)

---

[215] « CORAN, 3-74 »

[216] « CORAN, 63-2 »

[217] « CORAN, 29-48 ; 7-157/158 »

[218] Cela confirme une fois de plus l'exclusivité de cette culture innovatrice et inexistante auparavant.

[219] Témoignage certifiant l'action de concevoir l'Univers par l'observation et l'expérimentation validant la Connaissance. Encore une exclusivité qui permet l'innovation des sciences expérimentales dont les savants perso-berbéro-andalous en sont les auteurs.

[220] « CORAN, 12-105 ; 3-189/190 »

La connaissance de l'Univers ainsi acquise est la réalité tout à fait certaine, puisque l'immensité de cet Univers dont l'Homme ne peut même pas concevoir l'ampleur est régie par une *Loi unique*[221]. Le Coran atteste que toute création d'Allah est produite de manière absolue progressant vers une finalité[222] !

Au stade de civilisation qui est celui de toutes les sociétés antiques y compris celle des Arabes, l'Homme est l'esclave des forces de la nature. Le Raçoūl comprenant la fonction de l'Humanité dans l'Univers l'élève à la noblesse de souverain et maître de ces forces.

En conséquence, les musulmans, dès l'origine de leur histoire, innovent et diffusent la morale, le savoir et la recherche scientifique !

Quelques années suffisent pour alphabétiser des régions d'Arabie sous tutelle du Raçoūl et surtout de propager l'Islam aux populations étrangères à l'Arabie.

Les peuples hors d'Arabie, grâce au message bien compris de l'Islam, vont s'adonner à la littérature et surtout créer et inventer frénétiquement les sciences, les arts et les techniques. Il s'agit des Musulmans non-arabes d'origine perse [Iraniens] et berbéro-andalouse [Maghreb-Espagne]. Ce sont ces derniers qui produisent la Civilisation de l'Islam Classique [CIC] et

---

[221] « CORAN, 67-3/4 »

[222] La biologie confirme que cette loi contrôle toute créature vivante. De même l'astronomie moderne a permis de déterminer que les étoiles le plus souvent en phase finale de leur évolution deviennent des novæ et des *supernova* qui disparaissent par la suite. La finalité de l'Homme est distincte.

enrichissent la linguistique arabe par leurs travaux et leurs découvertes qui seront l'héritage des sociétés contemporaines occidentales[223] !

Cette révolution culturelle sans précédent dans l'histoire humaine est instituée par l'Etat musulman qui favorise [financièrement et matériellement] si bien la quête du savoir, le développement des études et de la recherche scientifique que des foyers de sciences et des universités apparaissent dans tout l'empire musulman.

L'innovation et l'exclusivité de cet événement détruit l'ère antique en introduisant l'Humanité dans le monde moderne dont le prolongement est l'époque contemporaine[224].

Le Raçoūl indique d'autre part que le peuple qui se consacre seulement à l'agriculture aux dépens des autres procédés de progrès ne pourra jamais connaître l'honneur et la renommée.

Le Coran, en tant qu'outil réflexif, permet aux doués d'intelligence, à ceux qui raisonnent d'induire des théories scientifiques qui, selon lui, ne sont pas révélées par des événements d'observation bruts[225], mais confirmées que dans un ensemble de conditions expérimentales et d'hypothèses théoriques[226].

---

[223] NAS E. BOUTAMMINA, « Les contes des mille et un mythes - Volume II », Edit. BoD, Paris [France], novembre 2011.
[224] NAS E. BOUTAMMINA, « Comprendre la Renaissance - Falsification et fabrication de l'Histoire de l'Occident », Edit. BoD, Paris [France], avril 2015. 2ᵉ édition.
[225] « CORAN, 16-66 ; 22-3 ; 23-21 ; 50-9 »
[226] « CORAN, 3-190/191 ; 36-36 »

« *Nous n'avons pas créé le ciel et la terre et ce qui existe entre eux en vain. C'est ce que pensent ceux qui ont mécru. Malheur à ceux qui ont mécru pour le Nār [« Feu » -qui les attend-]!* » *(Coran, 38-27)*

Les savants perso-berbéro-andalous développent des modèles d'explication causale où ils déduisent les événements au moyen de connaissances relatives à leur origine causale. Dès lors, il est toujours indispensable de préciser les causes censées la définir dans le récit d'un événement[227]. L'origine de l'Univers[228] fait sans doute partie de l'histoire causale de tout événement[229].

« *Ceux qui ont mécru, n'ont-ils pas vu que les cieux et la terre formaient une masse compacte ? Ensuite Nous les avons séparés et fait de l'eau toute chose vivante. Ne croiront-ils donc pas ?* » *(Coran, 21-30)*

« *N'avons-Nous pas fait de la terre une couche* » *(Coran, 78-6)*

« *et [placé] les montagnes comme des piquets ?* » *(Coran, 78-7)*

« *Nous vous avons créés en couples,* » *(Coran, 78-8)*

Déterminer les phénomènes et étayer des théories qui décrivent avec le plus d'exactitude les aspects observables du monde[230] est un des buts des *Sciences islamiques*

---

[227] « CORAN, 2-164 ;
[228] « CORAN, 30-25 ; 41-11 »
[229] « CORAN, 36-81/82 »
[230] « CORAN, 35-12/13, 27/28 ; 36-37/40 ; 45-1/6 »

[*Physique, Mathématiques, Médecine, Chimie, Botanique, Géographie*, etc.]. Ces dernières préconisent également la recherche d'une vérité non observable, dans le seul objectif est de prendre conscience du monde et cela, même en l'absence de toute finalité pratique.

L'Islam encourage d'une part, la science à révéler la structure cachée du monde et conçoit les diverses théories scientifiques comme autant de tentatives de description de cette structure[231].

D'autre part, dans son induction à la recherche de la vérité, l'Islam donne matière à réflexion à ceux qui soutiennent que les théories ne sont pas des représentations du monde invisible, mais des moyens de prédiction du monde observable dont l'activité de la science n'a comme caractère essentiel qu'à classer les phénomènes observables[232].

« *N'as-tu pas vu qu'Allah fait pénétrer la nuit dans le jour et qu'il fait pénétrer le jour dans la nuit, et qu'Il a assujetti le soleil et la lune, chacun poursuivant sa course jusqu'à un terme fixé ? Et Allah est Parfaitement Connaisseur de ce que vous faites* » *(Coran, 31-29)*

« *Le soleil ne peut rattraper la lune, ni la nuit devancer le jour ; et chacun vogue dans une orbite* » *(Coran, 36-40)*

« *Le soleil et la lune* [*évoluent*] *selon un calcul* [*minutieux*] *;* » *(Coran, 55-5)*

---

[231] « CORAN, 2-164 ; 12-107, 111 »
[232] « CORAN, 21-30/35 »

« et y a fait de la lune une lumière et du soleil une lampe ? » (Coran, 71-16)

« et y a fait de la lune une lumière [réflexion des rayons solaires -miroir] et du soleil une lampe [foyer -source lumineuse] ? » (Coran, 71-16)

L'affirmation que l'ensemble de la science actuelle soit exact, n'est pas catégorique mais le progrès de la connaissance a pour corollaire principal, les descriptions importantes et toujours davantage conformes à la réalité d'un monde en grande partie invisible[233].

A la réfutation de la possibilité de décrire théoriquement des aspects non observables de l'Univers, parce qu'on ne peut attribuer un sens à quelque chose qui ne peut pas être observé, le Coran affirme le contraire[234] !

A propos de la faculté qu'a la science de représenter le monde qui lui est connu[235], tous sont unanimes à tenir la science pour objective, à cause des données factuelles objectives[236]. Allah a décrété la *Vérité*[237] [car Il est la Vérité] comme *Loi immuable* qu'elle soit véhiculée par une circonstance spirituelle ou matérielle. Elle guide[238] tout individu qui s'en approche afin de la lui dévoiler[239].

---

[233] « CORAN, 40-57 ; 67-3/4 ; 79-26/32 »
[234] « CORAN, 15-27 ; 35-1 ; 38-76 ; 42-51 ; 55-15, 31 ; 72-1 ; 81-15/16 »
[235] « CORAN, 27-64 ; 30-11 »
[236] « CORAN, 39-9 »
[237] « CORAN, 2-147 »
[238] « CORAN, 40-81 »
[239] « CORAN, 3-191 ; 13-19 » - « CORAN 13-9 ; 17-85 »

La théorie pèse sur l'observation et puisque les conditions de l'expérimentation présupposent toujours la théorie même qui doit être soumise aux tests, le Coran certifie que des concepts théoriques ne peuvent se soumettre à l'expérimentation[240].

Si la nature de l'évidence sensible progresse parallèlement aux théories scientifiques, et que cette évidence est l'unique source aux événements empiriques, alors il est probable que les faits se modifient également.

Les raisons des limites de la Connaissance qui peuvent contribuer à la découverte de la Vérité sont presque exclusivement d'ordre intellectuel. Elles ne relèvent que de l'étroite fonction de la perception sensorielle, de la raison et de l'intuition dont Allah[241] a doté l'Homme[242].

Que l'Homme ne se fasse pas d'illusion, son intellect, son esprit et son corps sont déjà déterminés dans le temps et dans la capacité[243]. La conception de la Vérité est ainsi limitée mais l'utilisation et la conséquence de l'acquisition restent démesurées[244]. L'Islam impose les principes du raisonnement par la démonstration.

---

[241] « CORAN, 2-30, 61 ; 6-2, 59, 73, 98, 141/142 ; 7-11 ; 10-61 ; 11-5/7 ; 13-3, 8/9 ; 15-27/29 ; 18-37, 109 ; 20-53, 55 ; 21-30 ; 22-5 ; 23-12 ; 24-45 ; 27-65, 75 ; 30-19/20 ; 31-16, 27 ; 32-7/11 ; 35-11 ; 36-67 ; 37-11 ; 39-46, 62, 67 ; 40-57, 67 ; 46-33 ; 53-32 ; 55-14 ; 58-7 ; 67-13/14, 24 ; 71-17/18 »
[242] « CORAN, 2-31/33 ; 16-4 ; 17-70, 85 ; 22-3, 65/66 ; 32-8/10 ; 82-6/8 ; 95-4/5 ; 96-1/5 »
[243] « CORAN, 7-34 ; 21-34/35, 37 ; 25-44 ; 36-36, 68 ; 82-7'8 ; 95-4/5 »
[244] « CORAN, 2-11, 16/20, 257, 286 ; 7-55/56 ; 18-54 ; 30-41, 44 »

Les savants musulmans s'appliquent à définir dans quelles conditions l'on est qualifié à franchir les débuts de propositions ou prémisses et à rejoindre une conclusion dont on assure provenir de celles-ci. La relation entre les prémisses et la conclusion est leur validité logique stipulant que si les prémisses sont conformes à la vérité, de même sera la conclusion. La réalité de la conclusion doit être reconnue de la validité d'un argument.

La réalité logique résulte de la forme d'un raisonnement mais pas de son contenu. La *dialectique*, que l'on qualifie actuellement de *classique* ou *traditionnelle*, est innovée par les savants perso-berbéro-andalous qui établissent les règles du raisonnement syllogistique correct.

Un syllogisme correctement construit, établit les règles permettant l'appréciation de la validité d'une forme de raisonnement. Ainsi, des systèmes de logique déductive caractérisent la logique classique et la logique moderne. Afin de conjurer le vide de l'événement causal[245], certains imaginent des systèmes de logique inductive dont les prémisses sont des propositions singulières dont on exploite une conclusion générale. Dès lors, la réalité de la conclusion n'est la conséquence de celle des prémisses que de façon probable.

Parallèlement à la quête du secret de l'Univers, le Coran enjoint son éthique, c'est à dire la doctrine [Ordre et Désordre] qui détermine comme satisfaisant ce qui est utile et qui, dès lors, évalue la valeur morale d'une action, d'une découverte scientifique, d'une technologie à l'utilité de ses conséquences !

---

[245] Concept communément nommé « *hasard* » ou « *chance* ».

Le Coran est le garde-fou de la Science et la Science est le garde-fou du Coran !

Ainsi, la formulation selon laquelle le but suprême de l'action morale est la concrétisation du plus grand bonheur pour le plus grand nombre demeure également l'objectif de toute législation et le critère extrême des institutions sociales musulmanes. La conscience, faculté ou sens interne, s'érige en arbitre absolu de l'action, le critère décisif de l'*Ordre* et du *Désordre*.

Les savants perso-berbéro-andalous procèdent à la fabrication des outils et des machines afin d'accroître leur contrôle et leur compréhension de l'environnement matériel[246]. Ainsi, non seulement la technologie est une condition essentielle des civilisations avancées mais peut donc être perçue aussi comme un processus à la fois créatif et destructeur[247].

La science et la technique supposent toutes deux une procédure de réflexion qui définit des relations causales

---

[246] Une liste serait trop fastidieuse pour énumérer les instruments ou outils de la mécanique [automates, horloge, astrolabe, boussole, lunette astronomique et de vue, imprimerie, etc.] ; les produits de l'industrie [papier, poudre à canon, bateau à voile, etc.], produits chimiques [alcool, composés aromatiques, aldéhydes, acides, soude, benzène, etc.], travail du verre [loupe, matériel de chimie et domestique, etc.], savon, sucre, coton, laine, céramique, sidérurgie [damasquinage, alliages, fonte, etc.] ou agricole [greffes, nouvelles espèces, fruits : abricot, citronnier, oranger, etc. ; et légumes : artichaut, gingembre, épinard, riz, etc.] techniques d'irrigation, rigoles, noria, nouvelles espèces animales [mouton mérinos, bœuf, etc.]. Cf. NAS E. BOUTAMMINA, « Les contes des mille et un mythes - Volume II », Edit. BzD, Paris [France], novembre 2011.
[247] « CORAN, 35-45 »

dans l'univers matériel. Elles utilisent une *méthodologie expérimentale* qui produit des démonstrations empiriques pouvant être confirmées par répétition.

Théoriquement, la Science est épargnée par l'aspect pratique de ses résultats que par le développement de lois générales. Néanmoins, la Science et la technique sont, en pratique, inextricablement associées. Il est incontestable que des outils et procédés fondamentaux dans divers domaines scientifiques sont mis au point avant que les lois régissant leurs fonctions ne fussent découvertes.

Des progrès scientifiques, la technologie plus que la Science est à craindre. La Science peut être conçue comme une source de compréhension sereine et objective des lois éternelles de Dieu alors que les manifestations pratiques de la technologie dans le monde humain semblent hors de contrôle[248].

Les savants perso-berbéro-andalous fondent le concept de l'utilité de leurs recherches ou découvertes techniques ou scientifiques non seulement sur leur système éthique mais également sur leurs réformes légales et politiques[249] !

Sacrifier des intérêts minimes au profit des plus grands en faisant de l'idée que tous les individus ont droit au plus grand bien-être est le moyen préconisé par l'Islam à la société humaine !

---

[248] « CORAN, 35-39 »
[249] « CORAN, 35-28 »

XII - L'objectif ultime

L'Islam établit simultanément à cette métamorphose dans le domaine matériel, une modification radicale dans les horizons spirituels de l'Humanité dont le principe élémentaire est la pureté de la nature de l'Homme. Tout enfant naît sans péché[250] qu'il soit de parents musulmans ou autres !

Dès lors, le concept de l'innocence de l'Homme à sa naissance[251] contribue à assurer au fidèle de mener une existence innocente. L'homme reste loyal à sa nature par l'exercice de la bienfaisance, de l'altruisme et la fuite du *Désordre* ; mais la trahison et la perte de ce bénéfice est d'exercer des actes contraires. Elle le rend également plus fort dans son combat contre le péché [ou le *Désordre*] étant donné qu'il a la certitude que cette lutte avec sa nature est inévitable.

Par l'inspiration du *Nāfs* [« *Souffle divin* »], l'homme, l'enfant humain prend part également à la nature divine[252]. Cette notion du *Nāfs* est différente de celle du « *Roūh* [« *Principe vital* -qui permet la Vie*] » de la vie

---

[250] « CORAN, 30-30 ; 95-5 ». Le Raçoūl expliquant ces versets dit que tout enfant qui naît obéit à la vraie religion l'Islam ou de façon littérale à la nature humaine. Ce sont ses parents qui en font un *Hādoūw*, un *Nāçāra* ou un *Zoroastre*.

[251] Le *péché originel*, dogme fondamental du Christianisme, est un pistolet chargé que l'Eglise maintient sur la tempe de chaque Chrétien.

[252] « CORAN, 32-7/9 ; 78-71/72 »

animale, celle qui anime toute la faune y compris l'Homme.

Divers versets affirment un rapport mystique entre le Nāfs humain et « *divin* » qui concerne la vie supérieure de l'homme pur dans toute sa magnificence. La révélation divine ainsi consentie à l'homme l'assignait à une existence supérieure et l'encourageait à vaincre ses inclinations *animales* et ses aspirations méprisables.

L'homme est destiné, d'après le Raçoūl, à un objectif tellement plus noble encore que la conquête de la nature : la *quête de l'agrément divin*.

Acquérir les bienfaits de la nature par la Connaissance de son intimité est une faveur divine impliquant que l'Homme par l'obtention de l'aisance matérielle se consacre d'avantages à l'œuvre spirituelle : la reconnaissance d'Allah[253]. *Le but suprême de l'existence est d'après l'expression du Coran*[254] *: « Līqâ Allah »* [« *La rencontre d'Allah* »] *!*

« [*Ce sont ceux*] *qui ont la certitude de rencontrer leur Seigneur et de retourner à Lui Seul* » *(Coran, 2-46)*

Le don sublime est de comprendre que l'existence humaine ici-bas ne représente pas la finalité et que la conquête de la nature n'est pas le but essentiel de la vie. Cette dernière, n'est qu'un procédé pour la concrétisation des nobles valeurs humaines, en suspens de la finalité ultime : *la réunion avec Allah*.

---

[253] « CORAN, 89-27/30 »
[254] « CORAN, 6-31 ; 10-45 ; 13-2 ; 30-8 ; 84-6 »

Cette certitude fond la conception de l'existence finale qui, avec celle d'ici-bas, n'en demeure pas moins qu'une en réalité [255]. La vie ultime au contraire ouvre des perspectives illimitées quant aux progrès vers ces étapes toujours supérieures[256]. A juste titre, une recommandation est faite à l'Homme dans cette vie courte afin de rechercher la satisfaction divine qui demeure la bénédiction la plus importante de la *vie finale*[257].

« *Louange à Allah, Seigneur des Univers* [258] » est l'exclamation dernière de l'existence ultime mais également la première au moment de la Çalāt du musulman ici-bas. Les humains qu'ils soient musulmans ou autres sont créés par clémence et les desseins d'Allah doivent irrémédiablement s'accomplir, c'est Sa Loi !

L'existence sera effroyable dans le *Nār* [« *Enfer* »] étant donné que ces *Nāfs* ont refusé ici-bas les rudes efforts qui auraient justifié la « *rencontre d'Allah* ».

Finalement, tous les êtres serviront Allah ! Puisque, selon Sa Révélation faite aux humains [et par la même occasion aux créatures invisibles], elle stipule qu'Il n'a créé le Jinn et l'Homme uniquement que pour qu'ils L'adorent !

« *Je n'ai créé les Jinn et les humains que pour qu'ils M'adorent [liyāhboūdoūnī]* » *(Coran, 51-56)*

---

[255] « CORAN, 15-72 ; 47- 6 »
[256] « CORAN, 39-20 » -
« CORAN, 9-72 ; 10-10 »
[258] « CORAN, 1-1 »

Conclusion

Le Raçoūl Moūhammad a transmis à l'*Humanité* [et à la *Jinnité*[259]] un mode de vie fondé sur l'Islam dont toutes les sociétés contemporaines ont héritées à travers la *Civilisation de l'Islam Classique* [*CIC*] ou *Civilisation perso-berbéro-andalouse* [*CPBA*].

Sa biographie est loin d'expliquer à elle seule cette réussite, mais contribue pour sa part à cette explication. Homme intelligent et longanime, issu d'une population archaïque et obscurantiste en marge des grandes sociétés de l'époque.

Avec l'aide d'Allah, il sut créer un idéal, une cause à défendre impressionnante, la *cause humaine*. Le Message, l'Islam ou *Dīne Allah* [Religion d'Allah], dont la pierre angulaire est le *Tāwhīd* [Unicité d'Allah], capable de séduire d'abord une minorité d'individus dans son pays natal, puis d'éblouir dans une vaste zone du globe [non-arabe].

Il sut aussi utiliser des dons remarquables de chef politique et militaire, à acquérir le contrôle de l'Arabie. Symbole vivant de l'Islam dont il incarne les plus hautes valeurs [modèle de vertu], le Raçoūl est profondément

---

[259] *Jinnité*. Ensemble des *Jinn*. Cf. NAS E. BOUTAMMINA, « Le Jinn, créature de l'Invisible », Edit. BoD, Paris [France], janvier 2011.

bouleversé face aux maux de l'Humanité qu'il s'évertue à enrayer, du moins à en diminuer les effets.

Et de même que tout individu, comme il le disait souvent, les faiblesses humaines de cette impressionnante personnalité ne font que rendre sa biographie plus attachante et ô combien instructive !

Bien entendu, depuis des siècles [XIVe siècle], les préceptes du Raçoūl Moūhammad sont tombés dans l'oubli, et de son Message l'Islam, il ne subsiste qu'un ensemble réglé et ordonné de cérémonies, de prières et d'incantations composant le culte public officiellement institué par la Tradition. Cette dernière modélisa liturgiquement le folklore, l'obscurantisme, l'ignorance et l'immobilisme qui rythment l'existence d'individus qui se prévalent encore et toujours de l'Islam !

Index alphabétique

A

Abbassides, 130
Abolition de l'esclavage, 39
Activité de l'Homme, 105
Activité humaine, 27
Ādān, 66
Ādjmā, 64
Agricoles, 87
Āhlī al-Kitābī [les Gens du Livre], 42
Aïd, 57
Ali ibn abî Tâlib, 130
Allah l'Unique, 54
Almohades, 130
Altruisme, 79
Altruisme du Raçoūl, 80
Al-Yāwm al-Qiyāma [, 70
Āmīn, 70
Amour de l'Humanité, 24, 78
Amour immodéré de la richesse, 93
Angleterre, 117
Animaux, 79
Antidémocratiques, 121
Aristocratie quraychite, 65
Autorité de l'Etat, 97
Autorité matérielle de l'Etat, 108
AveFrsions héréditaires, 62

Avilissement morale, 78

B

Badr, 72
Bānoū Hāchīm, 78
Bienfait à l'Humanité, 77
Bienfaits de la nature, 63
Bienveillance envers l'Homme, 80
Bilal, 66
Boisson, 49

C

Çalât, 48, 53, 95
Çalāt, 48, 77
Çalāt continuelle, 55
Çalāt l'accomplissement du divin, 54
Capital, 101
Capitalisme contrôlé, 97
Capitalisme sauvage, 97
Chasteté, 26
Chef d'entreprise, 86
Chef de l'Etat, 35, 111
Chef de l'Etat musulman, 109
Chefs d'Etat musulman, 127

Chrétienté, 131
Citoyens démunis, 98
Condition humaine, 135
Confiance envers Allah, 44
Connaissance, 138
Connaissance de l'Univers, 140
Connaissance réelle de l'Univers, 135
Conscience musulmane, 129
Conseil, 110, 125
Considération sacrale que Dieu, 120
Constitution islamique, 119
Contrat, 86
Contrats de travail, 86
Conviction du Raçoūl, 41
Çoūhābā [Compagnons], 71
Courage, 72
Coutume, 79
Créancier et débiteur, 100
Création de l'Homme, 45
Croyance rationnelle, 26
Cruauté, 41

D

Débauche sexuelle, 74
Dégradation, 24
Dégradation morale, 102
Démocratie, 117
Démocratie laïque,, 121
Démocratie politique, 124
Démocratisation, 118
Désordre, 45, 47
Despotisme, 129
Desseins de Dieu, 41
Dignité de l'individu, 23
Dignité humaine, 26
Direction de l'Etat, 112
Droits des citoyens, 112

E

Ecosystème, 138
Education morale, 108
Egalité est absolue devant Allah, 66
Ego, 56
Egoïsme, 93
Elections, 124
Encourager l'activité, 85
Entreprise commerciale, 86
Entreprise démocratique en Islam, 122
Esclavage, 129
Esclaves, 65
Esprit critique, 23
Etat, 78, 105, 106
Etat démocratique, 107
Etat spirituel, 107
Etats-Unis, 49
Existence du Raçoūl, 34
Expérimentation, 145

F

Famille, 27
Fidélité, 73
Finalité, 47
Fiscalité, 96
Fixe des droits, 79
Fonctionnaires d'Etat, 86
Force spirituelle, 42
Formation du caractère, 69
Fortune, 81

G

Genre humain, 43, 62
Ghaīyb [, 55
Guerres, 89, 114

H

Hādoūw, 24, 139
Hādoūwisme, 28
Hanif, 25
Hasard, 138
Héritage, 91, 98
Hījrā [Hégire],, 28
Hīlf al-Foūdhōl, 78
Hommage, 78
Hommage à l'effort, 85
Homme se dégrade, 136
Honte pour l'Humanité, 25
Humanité, 42

I

Ibn-KhaldUn [historien\, 1332-1406], 15, 29, 33

Idéal éthique, 36
Idolâtrie, 24
Ignorance, 26
Illettrés, 139
Immoralité triomphante, 105
Immunité, 114
Impôt, 111
Inégalité, 92
Infirmes, 38
Injustice, 26
Innocence de l'Homme, 151
Interdiction de l'intérêt, 100, 128
Intérêt, 101
Intrigues d'assassinat, 39

J

Jahānāmā [, 47
Jānna [, 47
Justice, 38
Justice divine, 46

K

Khālīf, 109, 125
Khālīfā, 138

L

Législation islamique, 87
Légitimité démocratie, 122
Libéralisme, 97
Liberté, 23

Libre citoyen, 125
Loi immuable, 144
Luxe, 102

M

Maltraités, 38
Mecque, 23, 69
Messager de Dieu, 43
Méthodologie expérimentale, 148
Modestie, 72
Mœurs sexuelles, 26
Monde physique, 44
Monogamique, 35
Mont Hīrā, 34
Moralité, 25, 70
Moralité élevée, 75
Mosquée, 48
Mosquée école démocratie, 119
Mouawiya, 130
Mythes, 26

N

Nāçāra, 25, 139
Nāçāraïsme, 28
Nāfs, 45, 151
Nature de l'Homme, 151
Nbīyā, 62

O

Obéissance à Allah, 80
Oisiveté, 85

Opprimés, 38
Ordre, 47
Ordre de l'Univers, 46
Ordre mondial, 89
Origine de l'Univers, 142
Orphelin, 34, 105
Ouvrier, 86

P

Paix, 62
Pardon à l'ennemi, 107
Pauvres, 38
Pensée universelle, 135
Police de l'Etat, 69
Polygamie, 35
Possession richesse, 90
Pouvoir, 108
Préoccupations éthiques, 69
Prestations sociales, 97
Principe démocratisation, 123
Principe démocratique, 107
Prisonniers de guerre, 37
Prohibition, 49
Propriétaires terriens, 87
Protéger l'Humanité, 94

Q

quête du savoir, 141
Raçoūl encourage libre entreprise, 97

Raisonnement par démonstration, 145
Rapports Homme et l'Univers, 135
Razzias, 29
Réalité logique, 146
Recherche intellectuelle [recherche scientifique], 138
Recherche scientifique, 141
Redressement de l'Humanité, 41
Réformateur isolé, 24
Réformateurs, 95
Rencontre d'Allah, 153
Responsabilité, 46
Réunion avec Allah, 152
Révélation ordonne l'instruction, 53
Révolution culturelle, 141
Révolution culturelle et sociale, 87
Richesse et sa quête, 89
Roūh, 151

S

Science, 26, 143
Science et la technique, 147
Sciences islamiques, 142
Secret de l'Univers, 146
Secrets du monde, 47
Sénat limité, 125
Service de l'humanité, 55, 77, 94, 107, 110
Shoūwrā, 107, 125
Société humaine, 148
Spirituellement mort, 56
Successions testamentaires, 98
Superstition, 26, 41

T

Talmudistes, 13
Théories scientifiques, 141
Tradition [Hadiths], 130
Tradition des Ancêtres, 49
Travail, 85
Tribus bédouines, 29

U

Uhūd, 72
Unification de l'Humanité, 58, 63
Unité du genre humain, 89, 105
Univers est régi par des lois, 46

V

Valeurs humaines, 23
Valeurs supérieures, 93
Versement du salaire, 86
Vices, 41
Vie du Raçoūl, 24

Vie morale et rationnelle, 41

Zakâ calcult, 55, 81
Zakāt, 81, 95

Z

Table des matières

Avant-propos

Introduction

I - Le Raçoūl Moūhammad..23
   A - L'Islam naissant 23
      1 - Raçoūl Allah [Messager d'Allah] 23

II - Conviction du Dieu unique, Auteur de l'Univers....................41

III - Accomplissement de la Çalāt......................................53

IV - Unité du genre humain...61

V - La formation du caractère..69

VI - Être au service de l'Humanité.....................................77
   A - La pratique de l'altruisme....................................79

VII - L'activité et l'effort...85

VIII - La richesse...89

IX - L'Etat...105

X - La Démocratie...117

XI - La dignité de la condition humaine ou principe de la conception réelle de l'Univers..135

XII - L'objectif ultime...151

Conclusion

Index alphabétique

Table des matières

© 2015, Boutammina, Nas E.
Edition : Books on Demand, 12-14 rond-point des Champs Elysées, 75008 Paris
Impression : Books on Demand GmbH, Allemagne
ISBN : 9782322018987
Dépôt légal : juin 2015